21세기를 위한 새로운 엘리트

관리경영의 시대에서 비전을 지닌 리더십의 시대로

FORESEEN 연구소

김경현 옮김

東文選

21세기를 위한 새로운 엘리트

관리경영의 시대에서 비전을 지닌 리더십의 시대로

Quelles Élites Pour Le XXIe Siècle
Après l'âge du management gestionnaire,
l'ère du leadership visionnaire

© Éditions Denoël, 1997

This edition was published by arrangement
with Éditions Denoël, Paris
through Shinwon Literary Agency, Seoul

차 례

머리말

예측이라는 것은 간혹 실망스러울 때가 있는데, 이는 아마 그 것이 흔히 과거에 대한 일반화와 미래에 대한 꿈에 불과하기 때문일 것이다.

그러나 오늘날처럼 급변하는 세계에서 21세기의 첫 10년간을 더 지혜롭게 대처하기 위해서는, 현재 진행중인 격변을 이해하고자 하는 노력보다 더 필요한 것은 없다.

사회학적 추세를 관찰하는 국제연구소인 FORESEEN이 Havas Advertising에 의해 설립된 것은 이러한 겸허하고 멋진 야심에 따른 것이다. 변혁은 필요한 것인 만큼 우리 사회 내부에서 생겨나는 조류들을 탐지해 내기 위해 무장하고, 아직 태동단계에 있는 사고의 새로운 방식들과 개인적이며 집단적인 행태들을 밝혀내며, 어쩌면 미래를 지배하게 될 자들에 대해 가정을 해보는 것은 지혜로운 일이다.

우리가 새로운 밀레니엄뿐만 아니라 엄연하게 새로운 문명으로 접어든다는 것을 분명하게 인식해야 한다. 향후 20년 동안 우리가 맞이하게 될 변화들은, 지난 200년 동안 진행되었던 변화들보다 실제로 더 중요하게 될 것이다.

오늘날 진행중에 있는 쟁점들을 이해하기 위해서 못지않게 중요한 지표들이라고 할 수 있는 현재의 변동들에 대하여 분석가들이 정기적으로 그들의 설명을 제공하고 있기는 하지만, 우리는 FORESEEN 연구소와 더불어 우리 사회에서 태동하여 미래에 결정적인 역할을 하게 될 사회학적 움직임들을 조사함으로써 보다 앞서 나가기를 원한다. 왜냐하면 우리들이 지켜보게 될 기술적이며 과학적인 진보를 넘어 우리의 생활양식들과 우리 사회의 구성 자체가 수정될 것이기 때문이다. 그리고 그와 함께 틀림없이 그것들을 결속시키고 형성시켰던 가치들 중의 일부도 수정될 것이기 때문이다.

우리의 많은 작업들은 베르나르 까뜰라와 C.C.A. 연구원들의 엄격한 감독하에 있는 커뮤니케이션 그룹인 Havas Advertising 팀들의 일상적인 작업을 토대로 하고 있다.

우리는 사실 광고인들처럼 공급적인 측면에서, 경제생활과 공공생활을 이끌어 나가는 주역들의 필요성과 수요적인 측면에서, 소비자들과 시민들이 바라는 기대감의 교차점에 위치할 수 있는 행운이 있었다.
63개국에 걸친 연구원들의 활동 덕분에, 우리는 세계적인 차원에서 우리 사회를 변화시키게 될 이러한 추세들을 깊숙이 파악할 수 있었다.

FORESEEN 연구소와 더불어 우리는 예측을 하자는 것이 아니라, 미래를 준비하는 자들로 하여금 보충적인 성찰의 요소들을 비롯해, 그들을 에워싸고 있는 세계에 대한 보다 넓은 이해를 지닌 상태에서 행동하고 앞날을 맞이하게끔 하기 위해서 우리들이 관찰하는 것을 활용하자는 것이다.

어느 누구도 미래가 우리를 위해 무엇을 준비하고 있는지 예측할 수는 없을 것이다. 그러나 그것은 인간들이 결정하는 바대로 될 것이라는 점은 분명히 하도록 하자. 그렇기 때문에 우리는 오늘날 우리 사회를 건설하는 주역들인 기업세계, 공직사회, 그리고 지식인사회의 지도자들이 우리가 밝혀낸 거대한 추세들에 대하여 그들의 시각과 확신들을 나타내 주기를 원했던 것이다.

그들은 바로 자신들이 실천에 옮길 행동을 통해서, 위축됨이 없이 아직은 불확실한 모습을 지니고 있는 이 새로운 세계로 우리를 이끌고 갈 수 있는 능력을 갖게 될 유일한 자들이다.

우리의 야심은 결국 FORESEEN 연구소와 더불어, 이제부터 미래가 필시 어떻게 될 것이라는 시각을 가져 보자는 간단한 말로 요약될 수 있을 것이다.

알랭 드 뿌질락

서 론

엘리트에 대한 회의

수 개월 전부터 공공연하게, 그러나 이미 수 년 전부터 잠재적으로 매체들은 사회체를 인도하는 데 필요한 두뇌들의 예견되는 결핍 앞에서 사회체의 불안을 나타내는 총칭적인 개념인 '엘리트들의 종말,' 혹은 '엘리트들의 퇴조'에 대해 질문을 제기하고 있다.

'자리를 차지하고 있는 사람들'의 이러한 비판은 민주사회에서 항시적으로 나타나는 현상이며, 그것은 또한 다음과 같은 사회 진보과정의 세 가지 단계에 해당되는 세 가지 의미를 지닐 수 있는 의구심인 것이다.

원칙 비판의 단계 : 이것은 기존 권력에 대한 단순한 견제인데, 선험적인 체계적 반응처럼 끊임없이 표출된다. 비판은 결정자들에게 그들이 과오를 범하지 않는 것이 아니고 영원하지도 않으며, 감시하에 있고 모든 것을 용인받을 수 있는 것이 아니라는 것을 일깨워 주는 기능을 한다.

그러나 이러한 지속적인 비판은 동시에 지도적 입장에 있는 그들의 지위를 확인시켜 주기도 한다. 이것은 민주주의 체제에서는 야당의 역할이고, 기업에 있어서는 노동조합의 역할이며, 또한 여론 형성 매체들과 그 논설자들 또는 포복절도할 유머와 조소를 통해서만 국민들이 참여할 수 있는 '제5의 권력'인 만평 작가들에게 부여되는 기능인 것이다.

이것은 사회가 **정당한 리더십의 주기**에 속해 있다는 징표이다. 지도자들은 그들 자체로서 회의의 대상이 되거나, 그들이 지닌 선도자로서의 역할에 있어 부정되지 않으며, 단지 예방적인 조치로서 심문을 받을 뿐이다.

계획들에 대한 반발의 단계 : 그것은 계획, 또는 결정(시위, 파업, 매체 또는 카리스마적인 인물들에 의해 주장되는 경고의 외침들)에 직면하여 경우에 따라서는 폭력화될 수 있는 **일시적인 거부 현상을 나타내는 본격적인 반응**이다. 그것은 권좌에 있는 결정자들이라는 특권계급을 비난하는 것이 아니며, 그 정당성을 비난하는 것도 아니다. 갈등의 종료와 신뢰 회복을 위한 새로운 계약을 축복하기 위해 몇몇 하급직원들이 상징적으로 희생될 것이다.

이것은 지도층 엘리트에 대한 믿음에 있어 균열의 증후군인 것이다. 사회는 감시당하는 자유 상황에 처해 있는 도전받는 리더십의 단계로 접어들게 된다.

신뢰 부정의 단계 : 이 단계는 권력의 정당성에 대한 회의와 더불어 더 심각한 상황에까지 도달한다. 반발은 전술적인 결정들, 또는 전략적인 방향들을 훨씬 넘어서서 개인들뿐만 아니라 지도적 특권계급을 교체하려는 의지를 가지고 지도자들의 본질

자체를 공격한다.

만약 이러한 반발 상황에서 희생양들이 공격받게 된다면, 대상이 되는 것은 당연히 그들 뒤에 있는 엘리트들 전체가 되는데, 왜냐하면 문제가 되는 것은 이런저런 기술적인 대책이 아니라 이 지도자들과 그들의 방법들이 상징하는 진보를 향한 사회 모델에 대한 전반적이고 회복할 수 없는 신뢰의 위기를 의미하기 때문이다.

그러면 사회는 **퇴조하는 리더십**의 주기로 들어가게 된다.

따라서 사회체는 사회 변동을 성공시키기 위해 엘리트의 전복을 갈망하게 된다. '퓨즈 역할'을 하는 한 개인의 희생만으로는 더 이상 충분하지 않다. 왜냐하면 모든 특권계급은 의혹의 대상이 되고 있기 때문이다.

정당성에 대한 이러한 회의는 계획들에 대한 단순한 반발과 혼동할 수 있을 정도로 완만한 단계를 거치며 무르익어 가지만, 그러한 양상들을 통해 지도자들에 대한 전반적인 신뢰도는 소리없이 잠식되어 간다. 그들은 그들의 형식적인 제도적 정당성을 온전히 간직한 채 사회학적인 정당성을 무감각하게 상실하는 것이다.

오늘날 산업사회를 강타하고 있는 이러한 '엘리트 위기'의 본질은 무엇인가?

그것은 우선 정치적, 또는 경제적 권력의 자리에 있는 지도층 엘리트에 대한 신뢰의 위기이다. 그 원인도 이해하지 못하고, 그 치유책들도 알지 못하는 것으로 보이는 위기들에 의해 실패에 처했으면서도 요직을 차지하고 있는 이 '결정자들'은 더 이상 신뢰를 불러일으키지 못하고 있다. 그들은 과거의 모델을 상징하고 있는 것이다.

이어서 매체를 통해 등장하는 각종 엘리트들의 대표성 위기가 나타난다. 너무 많고 너무 다양하기 때문에, 이 '본보기들' 중 그 어느것도 자신이 극도로 분산된 사회를 통합할 수 있는 모델을 대표한다고 더 이상 주장할 수 없게 된 것이다. 과거의 성공 사례들에 집착하는 살아 있는 유골들인 그들은, 변동중인 사회에 적응할 수 있는 원동력으로서 더 이상 신뢰를 얻을 수 없다.

따라서 이것은 결과적으로 진행중인 사회 변동을 구현할 수 있기 위해 충분히 새롭고, 분산된 공동체에 공통분모를 제공할 수 있기 위해 충분히 결집력이 강한 리더십, 그리고 특히 규격화된 모델의 운용자이기보다는 역동성의 촉매 역할을 할 수 있는 리더십에 대한 연구이다.

사실 현재의 '엘리트 위기'는, 그 주요 구성 요소들에서 드러나는 리더십의 위기이다.

엘리트에 대해서 느끼는 불만은, 그들의 물질적인 특권에 대해서라기보다는 공동체적 계획과 미래에 대한 비전을 제시하지 못하는, 그들의 무능력에 대해서 더 강하게 느껴진다.

정부의 기술적인 능력에 대해서보다 그 사회학적인 방법론, 다시 말해 필요 불가결하다고 느껴지는 변동을 성공적으로 수행하기 위해 사회적 대화를 통해 합의로 이끌 수 있는 역량에 대해서 비판은 더 신랄하다.

우리의 엘리트들은 항상 그 자리에 있지만 불필요하고 비생산적인데, 왜냐하면 어떠한 엘리트도 미래를 향한 열쇠를 지니고 있는 것처럼 여겨지지 않기 때문이다. 사람들은 상호 교대가 가능한 여야간의 정권 교체를 촉구하는 것뿐만 아니라, 완전히 다른 모습 다른 성격을 지닌 지도자층으로의 완전한 교체를 기다리고 있는 것이다. 왜냐하면 사람들은 그들의 능력에 대한 회의를 느끼기보다는 그들의 존재양식, 그들의 윤리의식, 그리고 그들의 감정적인 카리스마에 대해 더 많은 회의를 느끼기 때문이다.

사회를 이끌어 가는 역할을 맡은 자들의 이러한 불안정화 앞에서, 산업문명의 사회문화적 역동성은 다가올 10년 동안 기존 엘리트들의 특권층을 벗어나는 새로운 모습을 지닌 촉매적 리더들의 탄생을 촉진하게 될 것이다.

그리하여 엘리트 위기의 영향은 지도자들로 하여금 자신들 스스로도 혁신하도록 요구하고 있다.

엘리트의 지위에서 비전을 가진 리더의 지위로 옮아가기 위해 어떠한 경영 모델, 정치 모델, 사회 모델들을 구현해야 하는가? 어떠한 상대적인 방법론들과 실천 사항들을 실행에 옮겨야 하는가? 미래의 엘리트들을 양성하기 위한 교육방식은 무엇인가? 그리고 그러한 쟁점 앞에서 커뮤니케이션은 어떠한 역할을 수행해야 할 것인가?

사회학자의 시각이건, 아니면 자신들이 직면해 있는 도전을 의식하고 있는 결정자들의 시각이건, 각자는 이러한 엘리트 위기가 우리 사회의 전환적 계기를 의미하는 것이고, 새로운 리더

의 모습으로 구현되는 또 다른 청사진에 대한 암중모색의 과정
을 드러낸다는 것을 인정한다.

I

사회학자의 시선

사회학적 추세의 진단

1

엘리트와 리더십

'엘리트' 란 무엇인가?

일사불란하고 위계적인 사회에서는 엘리트를 정의하는 것이 수월하다. 그것은 권력, 지식, 재산, 책임감들, 모든 것에 있어서의 결정권, 그리고 보호의 의무…를 한꺼번에 겸비하는 피라미드의 정상이다.

엘리트라는 것은 오늘날 노벨상 수상자들과 쇼비즈니스의 스타들, 지식인들과 최고 수준의 스포츠맨들, 명문학교 출신자들과 자수성가한 사업가들, TV의 유명 사회자들과 그들이 인터뷰하는 정치인들, 파리의 명사들과 예술가들 등이 공존하는 여기저기 갖다붙일 수 있는 혼돈스러운 명칭이다.

이러한 리스트의 나열에 공통분모를 제공하는 것은 과연 어떠한 개념일까?

엘리트는 그 권력과 권위가 오로지 제도적인 지위보다 국민이 위임한 신뢰에 바탕을 두며, 의무에 의해 특권이 정당화되는, 리더십을 행사하고 모범이 되며 선도자가 되기 위해 선택된 소수이다.

이러한 모든 면에서 엘리트에 대한 회의는, 사회체의 핵심적인 구성기관들이 가지고 있는 기능장애와 질병을 알려 주는 **비상벨**을 누르는 것과 같은 현상이다.

그리고 프로그램에 대한 비판이 정당성에 대한 전반적인 반발에 자리를 내어주게 될 때, 그것은 사회체가 엘리트의 개편과 새로운 리더십의 도래를 무언으로 촉구하는 것이다.

정당성의 문제

엘리트주의는 사회학적인 선발을 근간으로 한다.
투표함을 통한 선거가 정치를 하는 것이 아닌 것처럼 출신성분이 귀족계급을 만드는 것도 아니고, 졸업장이 테크노크라트를 만드는 것도 아니며, 돈이 재계의 엘리트를, 교황이 사제를 만드는 것도 아니다.

* 이러한 제도적인 승인은 지위와, 간혹 잠재적인 힘을 부여한다.
* 그러나 진정한 권력을 부여하는 것은 한 가지 유형의 인간들로 실체화된 사회 모델에서 이루어지는, 집단적 신앙행위에 대한 사회학적 승인이다. 결집시킬 수 있는 능력, 희생을 강요하고 노력을 받아들이게끔 만들 수 있는 능력, 이질적인 사회적 모자이크를 합의로 규합시킬 수 있는 능력, 미지

의 것, 혁신적인 것으로 성큼 발을 내디딜 수 있도록 하는 능력들인 것이다.

모든 엘리트는 한때 그들로 향하고 있었던 합의된 신뢰라는 자본의 혜택을 받은, 집단적 상상에 의해 선택된 자들이었다.

그리고 이러한 사회학적인 정당성은, 다른 모든 제도적이며 물질적인 정당성에 우선한다. 그것 없이는 권위와 권력은 견딜 수 없는 것으로 여겨지며, 특권들은 터무니없는 것으로 해석되고, 명령은 단지 억압에 불과하게 될 뿐이다.

각각의 엘리트는 자신의 현재 지위를 정당화시키는 과거의 정당성에 뿌리를 내리고 있다.

그러나 흔히 과거의 정당성은 실제적으로 집단기억에서 지워져 있다. (귀족계급이 가졌던 당시의 유용성에 대해 무엇이 남아 있는가?)

흔히 그것은 현재의 중요성이나 사회적 관습과는 관련이 없다. (사제 엘리트에 대한 존경은 종교적인 관습과 전혀 별개의 것이다.)

각각의 엘리트는 드물게 비판의 대상이 되는 상속에 의한 정당성의 획득이라는 혜택을 받고 있다.

어느 엘리트가 사회체제 운영에 있어 만족스러울 만한 기능성을 충족시키고, 집단적 계획과 상대적으로 결속력이 있는 게임의 법칙들을 상징하는 한, 그 엘리트는 (과거 자신들의 적들을 포함한) 엘리트 시스템 전체에 대한 보증의 역할을 한다.

엘리트에 대한 회의는 엘리트 시스템 전반이 비생산적이라고 여겨질 때 등장한다. 말하자면 어떠한 엘리트도 현재는 물론 특히 미래도 제어하지 못하는 것으로 보일 때,

* 말하자면 권좌에 있는 기존의 엘리트(오늘날 산업화된 사회에서는 테크노크라트와 경영자들)가 더 이상 현재는 물론 특히 미래도 제어하지 못하는 것으로 보일 때,
* 그리고 어떠한 다른 엘리트도 신뢰할 만한 대안을 제시하는 것처럼 보이지 않을 때 등장하는 것이다.

우리가 90년대말을 맞이하는 것은 바로 이러한 상황하에서이다.

그리하여 진정한 변동을 이끌기 위해 새로운 모습을 지닌 리더들의 필요성이 대두되고 있다.

이들은 어제까지만 해도 익명이던 저변층 출신의 새로운 주역들일 수가 있다. 혁명이 바로 이러한 경우이다.

이들은 또한 과감하게 이미지를 바꿀 뿐만 아니라, 특히 사고방식과 행태를 바꾸면서 진정한 변신을 이룩한 이미 자리를 잡은 주역들일 수도 있다.

첫번째든 두번째의 경우든, 우선 국민의 신뢰와 사회적 공감을 역동화시킬 수 있는 능력에 근거해서 구축되어야 하는 것이 바로 새로운 정당성이다.

하나의 리더십이 태어나고 있는 중이며, 새로운 엘리트는 이것에 의해 나중에 정의될 것이다.

리더십을 갖춘 새로운 엘리트를 이렇게 분만하는 데 있어 모든 난관은 이러한 사회학적인 승인의 필요성으로부터 비롯되는 것인데, 이러한 승인 없이는 제도적인 지위라는 것은 무력하게 될 뿐이다.

투표에 의해 선출되거나, 재산을 상속하거나, 지휘감독의 직책을 부여받거나, 또는 제도에 의해 임명되는 것 등으로는 불충분하며 집단심리에 의한 선출자가 되어야 하는 것인데, 이것도 인기에 의해서뿐만 아니라 특히 사회의 움직임과 변화에 대한 합의를 이끌어 낼 수 있는 촉매적 능력에 의한 것이어야 한다.

선발의 문제

모든 엘리트는 특권계급이다.
엘리트는 고독한 영웅, 개인주의자, 역사적인 구세주도 아니며 번식이 불가능한 특별한 경우도 아니다.
틀이 깨어졌을 때 엘리트는 존재하지 않는다.

엘리트는 물론 소수집단이지만, 사회조직에 영향을 미침에 있어서는 충분히 강력한 집단이다.
* 우선 비교적 불분명하고 비정형적인 이 집단은, 알아차릴 수 있는 표식들(어떤 시대에는 특정한 엘리트만이 유일하게 일정한 빛깔과 재료들로 만들어진 의복을 착용할 권리가 있었다)뿐만 아니라 윤리의식과 행동의식을 갖춤으로써 점점 더 명백하게 익명의 보통 사람들과 구분된다.

* 엘리트는 하나의 계급 또는 계속해서 살아남을 영속적인 사회적 특권계급이 되려는 경향이 있는데, 이는 그 구성원들이 연대의식을 느끼고 상호 대체 가능하기 때문이다. 그들은 따라서 (혈연·동맹·교육 등에 의한) 번식체제를 구성한다.

'예외적'이며 우월한 이 사회적 집단은, 그 차별성이 집단에 유익한 기능이라고 생각되어지는 범위 내에서 받아들여진다. 이 집단은 어떠한 면에서 동업조합이고 직업 분야이며, 시스템을 움직이는 톱니바퀴인 것이다.

모든 엘리트는 다윈의 도태적 선발에 의해 탄생한다.
'알짜배기'·'제일 좋은 것'·'상류사회'·'최상의 것', 또는 '으뜸 중의 으뜸'에 대해 말할 때 사람들은 대중·보통 사람들과는 그 뛰어남에 있어 구별되는 소수 사람들의 출현을 항상 거론한다.

* 첫번째 선발은 자연발생적이고 불확실하며, 시대의 필요성에 의해 강요된다.
* 그리고 나서 엘리트는 영속하기 위해서 '당연하게' 무지하고 취약한, 그래서 그들이 선도하고 돌보아야 하는 의무를 지닌 대중들보다 우월하다는 것이 '자연적' 현상으로 여겨지도록 만들기 위해 자신의 번식을 조직화한다.

엘리트 위기는 진화의 새로운 단계를 드러내 준다.
자연도태에 의한 최강자의 지배라는 다윈주의적인 개념은, 엘리트의 부상과 그들의 퇴조를 동시에 정당화시킨다.

사회의 집단적 상상체계에서는 엘리트에 대한 회의가 형성되면서 그들을 공룡들이라거나 현재의 상황, 더 나아가 미래의 목표들에 부적당한 시대에 뒤떨어진 잔재들이라고 상징적으로 규정짓는다.

그리하여 리더십의 새로운 세대를 위하여 엘리트들의 개편작업이 진행된다.

이러한 엘리트는 진정으로 참신할 수 있거나, 자신들을 도마 위에 올려 놓고 자기 혁명을 할 수 있는 통찰력과 용기를 지닌 기존 엘리트의 혁신에 의해서 생겨날 수 있다. 그들은 혁명이 사회를 점령하도록 내버려두기보다는 혁명을 관리한다.

그러나 항상 새로운 리더십은 새로운 세대(사람들은 '하나의 새로운 인종'이라고 말하기도 한다)로 여겨지는데, 이 세대는 자신들의 권력과 촉매적인 카리스마가 절대적으로 자신들의 시대적 상황에 의해 생겨났다는 사고에 근거를 두고 있다.

모범적인 모델의 문제

엘리트는 성공한 사회 작동체제의 비결을 인간적으로 구현한 것이다.

자연도태는 어떤 이데올로기, 어떤 방식, 사회의 어떤 개념에 기회를 부여했으며 그 성공을 승인했다. 그리하여 그 과정에서 개발자였던 자들은 모든 것을 할 수 있다는 확신으로 차츰차츰 변질되어 버린 노하우의 명성을 얻게 된 것이다.

사람들은 원초적인 경험주의를 잊어버리고, 이후로는 이러한 '자생적' 지식을 믿게 된다.

그들은 역사의 한순간과 연관되는 그것의 상황 변동적 성격을 잊어버리고, 보편적이고 영원한 효율성을 믿게 되어 버리는 것이다.

그러나 시간이 흐름에 따라, 매우 특별한 상황에 처한 사회적 집단의 효율적인 기능성은 무제한적인 개인의 덕성으로 여겨진다.

모든 엘리트는 그들이 행동하는 영역으로서의 상황에 점진적으로 귀를 기울이지 않고, 그들의 성공 비결이 시대에 뒤처지고 현실과 괴리를 가져올 수 있다는 것을 거부하면서, 실제로 자신들의 사회 모델을 영구화하려는 기도를 한다.

사회가 심각한 위기에 처하고 미지의 도전과 이해하지 못할 위협에 직면했을 때, 항상 과거의 상속자들인 엘리트는 금방 시대에 뒤떨어진 것으로 드러난다.

그리고 그들이 자신들의 확신을 강박적으로 적용시키기를 고집하면 할수록, 그들의 부적합함과 무능력은 이론의 여지가 없게 된다.

바로 이때 새로운 리더들에 의해 구상되는 새로운 사회 모델의 필요성이 생겨나는 것이다.

실제로 리더들이 어떻든지는 상관없다. 새로운 미래와 그곳에 도달하기 위한 길들을 제시하는 임무를 수행한다는 조건이라면, 그들은 새로운 인물들일 수도 기존의 인물들일 수도 있다.

새로운 사회에 대한 청사진들의 부족사태가 오늘날 같은 위기의 상황에서 이 지경에 이르게 됨으로써 기존의 엘리트들은 희망이 없고, 한때 그들의 시대를 가능케 했던 모델 속에서 경직되어 버린 것으로 보여지는 상황까지 되었다.

권력과 영향력의 문제

자리잡은 엘리트는 '당연하고 자생적인' 영향력을 행사하는 후광의 혜택을 받는다.

* 예전에는 그의 권력이 사회학적 선택에 해당하는 이러한 신뢰의 위임으로부터 비롯되었다.
* 이어서 이 권력은 어떠한 형식에 의해서든지 제도적인 인정 절차라는 승인을 받았다.
* 그리고 나서 다소 실책이 있어도 비판을 자제하는 기간이 지나면, 권력은 비판의식을 회피하려는 반사적인 습관처럼 자리를 잡게 된다. 모든 엘리트는 집단의식 속에 그들이 자연적으로 우월하고 존경받을 만하며 부정될 수 없다는 사고를 심으려고 한다.

영향력의 행사를 정당화했던, 사회적으로 유용했던 태생적 역할은 이제 단순한 지위가 되어 버린 것이다.

엘리트들에 대한 비판은 사회적 위기의 순간들과, (실제적이건 그렇게 인식되어지건) 실패의 확인이 비판의식을 일깨울 때 깨어난다. "엘리트여, 누구의 이름으로 당신들은 옳으며, 누구의 이름으로 나에게 이래라저래라 하는가?"

엘리트의 권력은 취약하다. 왜냐하면 그 기원은 보다 오래 되었는

데도, 권력은 물려받은 반사적 습관에만 기반을 두고 있기 때문이다. 그 권력은 집단적 상상 속에서 인정 절차를 거치고 승인받는 습관을 상실해 버렸다. 그것의 제도적 정당성이 어떻든지간에, 어떤 순간일지라도 사회적 정당성을 증명하지 못하면 그 권력은 효과가 없어진다.

그리고 저변층의 진정한 신뢰 위임이 부재한 상황에서, 권력이 자신을 강요하고 힘으로 해결하려고 하면 할수록 권력은 그 영향력을 잃을 것이고, 견딜 수 없는 것이 되어 버릴 터이다.

따라서 사회적 역동성은 자발적으로 리더십의 새로운 권력을 추구하기 시작한다.

특권과 의무 사이의 균형 문제

엘리트들은 자신들이 갖는 정당성들의 이유들보다 더 자연발생적이고 분명하게 드러나는 **그들의 특권들에 의해 우선 눈에 띈다.** 일상생활에서 다소 통속적인 방식으로 엘리트 구성원들은 경제적이고 물질적인 특권들, 특별하고 사소한 배려들, 그리고 보통 사람들에게는 가능하지 않은 특혜들을 누린다. 가끔은 심지어 이 특권들이 엘리트로 하여금 도덕이나 법률 위에 놓이게 하기도 하는데, 이들은 그것을 가벼운 과실쯤으로 생각하고 있지만 보통 사람들에게는 중대한 실수 또는 범법행위에 해당되는 것이다.

그러나 엘리트의 논리는 이러한 혜택들이 자신들의 개인적인 이익, 또는 특권계급과는 상관이 없는 공동체 전체의 행복을 위하여 맡게 되는 임무·책임감, 그리고 위험에 대한 정당한 대가

이기를 원하고 있다.

왜냐하면 엘리트는 권리들만큼이나 의무들을 지니고 있으며, 특권들만큼이나 부담해야 할 제약 사항들을 지니고 있는 것으로 되어 있으니, 후자의 조건들이 전자들을 정당화시킨다는 것이다.

엘리트들에 대한 반발은, 집단의식 속에서 정당한 이유든 그렇지 않든 양자간의 이러한 균형이 깨어졌을 때 발생한다.
* 특권들이 너무 과시적이고 거만스럽게 행해지고 있을 때,
* 집단적 책무들이 더 이상 완수되지 못하고, 그렇다고 느껴지거나 명백하게 소용없을 때,
* 엘리트들이 가졌던 혜택들은 추잡한 불의가 되며, 가벼운 과실들은 심판의 대상인 죄가 되어 버린다.

이것이 바로 프랑스 대혁명 전야에 귀족들에게 극적으로 닥쳤던 상황이다.

대체적으로 이것이 바로 오늘날 산업화된 사회의 기술경영적인 지도계급과 엘리트에게 닥친 현상이다.

이리하여 사회체는 새로운 리더십으로 눈을 돌리게 되는데, 이 리더십의 임시적인 성격은 역동적인 합의에 의해 추종된다는 것 이외에는 개인의 즉각적인 이익에 구애되지 않고, 진정한 대가나 물질적인 보수 없이 공동체의 작업들을 수행함에 있어 책임을 감수하는 것이 될 터이다.

2

엘리트들의 선택

그렇다면 어떠한 엘리트들이 위기에서 벗어나기 위하여 우리의 사회를 암중모색으로 연구하는가?

기존 인사들에 대한 반발을 통해 어떠한 모습의 정치·경제, 그리고 사회 분야의 리더들과 간부들이 함축적으로 그려지는가?

권력에 접근할 수 있는 잠재적 후보자들인 '엘리트들의 시장'에 있어서, 우리는 서로 다른 사회문화적 기능들과 일치하는 세 가지 커다란 부류들을 구별할 수 있다.

왜냐하면 현대 사회의 급속한 발전을 거치고 있는 사회적 상황은, 시대에 따라서 그 역할이 다소 필수적인 세 가지 부류의 주역들에게 도움을 요청하기 때문이다.

과 거

사회가 일사불란하고 피라미드 형태였을 때는, 개별적인 우수성을 지닌 이와 같은 부류들 중의 하나가 집단적이며 거시사회적인 우월함의 모델이 될 수 있었다. 따라서 그것은 당연하게 전적인 권력을 부여받게 되었다.

귀족세계라는 소우주에서 혈통적 엘리트인 귀족계급은 이렇듯 수

세기 동안 유럽 사회를 지배했었다.

이들은 다른 시대 다른 장소에서는 종교적인 소우주에서 나온 신권 엘리트들이기도 했었다.

또는 재산불리기 경쟁에서 수위를 나타내었던 사람들 가운데 선발된 금권 엘리트였던 것이다.

오늘날

그러나 사회가 보다 수평적인 구조에 의해서 보다 자율적인 하위그룹들로 구성된 모자이크 형태로 유연해지고 다원화되면 될수록, 모델들은 서로 병치되고 상쇄되며 점점 더 다양해진다.

따라서 현대 산업사회에서 월등함을 지닌 모순된 모델들이라는 역설을 감당해 내는 혼합된 문화의 반영으로서, 엘리트들(복수부정형으로)에 대하여 이야기하게 된다.

이러한 이유에서 TV 토크쇼, 홍보 목적의 대규모 파티, 또는 시내 유명 식당에서 엘리트적 취향을 가진 만찬은 노벨상 수상자, 올림픽 금메달리스트, 왕위 승계를 주장하는 사람, 백만장자, 공쿠르상 수상자, 톱모델, 인기 가수, 인기 뉴스앵커, 그리고 전직 장관 등을 동일한 지위로서 대우할 수 있는 것이다.

이 리스트들은, 특히 매체들의 영향하에서 모델들의 확산을 구체화시킨다.

어느 모델들 중에서 선택을 할 것인가?

의사결정 엘리트: 각계의 중진인사들, 동업조합주의자들, 그리고 조종자들

'결정자들' 이란?

이들은 권력의 사회정치적이며 사회경제적인 메커니즘에 영향력을 행사할 수 있는 위치에 자리한 모든 종류의 사람들(또는 이와 동일한 권력을 획득하고자 하는 사람들)을 말한다.

그들의 일반적 기능은 사회 시스템과 인간 공동체를 실용적으로, 그리고 비교적 물질적인 각도에서 그날그날 운영해 나가는 일이다.

정복해야 하고 핵심 직책들을 간직해야 하는 전쟁터와도 같은 **그들의 영역**은 국가경영부문과 민간 분야의 사회경제적 조직, 법률, 그리고 법규들이다.

그들의 작동방식은 현실감을 가지고 장기적인 차원과 일상의 차원 사이에서, 의지주의와 사회적 변증법 사이에서, 국가의 원칙들과 현실의 원칙들 사이에서 지속적인 타협을 하는 것이다.

그들의 정당성은 제도적인 것이다. 의사결정자들은 그들을 구성하는 집단의 이익대변자로서, 공식적으로 지명하는 형식적인 선발·선출의식을 통해 탄생한다.

　그들이 사회에 기여하는 것은 무엇보다도 시스템의 질서정연한 기능성이다. 기계는 바람과 조수를 헤치며 돌아가야 하는 것이고, 배는 폭풍우 속에서도 살아남아 가야 할 뱃길을 나아가야 하는 것이다.

다음과 같은 세 가지 종류의 의사결정자들이 권력을 위해 투쟁한다

　자신들이 봉사자들임과 동시에 거의 소유주인 사회정치적, 혹은 사회경제적인 생산과 편성으로부터 직접 생겨난 **각계의 중진인사들**.
　그들은 자신들이 그 영속성을 전도하는 기존 시스템의 형식적 논리에 의해 강요되는 '불가피한 필요성'을 구현한다.
　이 부류에는 여당정치인들 혹은 야당정치인들, 기업총수들, 그리고 국가 주요 기관들의 지도자들이 포함된다.

　동업조합주의자들도 같은 기준을 충족시키지만 하나의 특권계급·부족, 또는 하위사회집단의 특별한 개별적 이익을 구현한다.
　그들은 각계 중진인사들에 대한 견제 세력을 형성하지만, 사회 전체에 자신들이 관계하고 있는 하위단체의 이익을 강요하기 위해 입지를 확보하기를 열망한다.
　이 부류에는 또한 노동조합주의자들, 제도적이고 공식적인 로비스트들, 지방 정치지도자들, 정치적·종교적·인종적 또는 강력한 비정부기구 등의 소수파가 포함된다.

　조종자들은 최소한 한 가지 신화를 하나의 현실만큼이나 거론한다. 그것은 자신들의 이익을 위하여 무대 뒤에서 꼭두각시의 끈을 당겨 주는 구세주의 신화이다.

그래서 우리는 증권시장에 영향을 미치고 정부를 조종하며 경제단체를 통제할 수 있는 비밀결사, 소수종교집단, 혹은 '힘 있는 자들'의 집단에 대해 언급하는 것이다.

의사결정 엘리트의 위기

현재 나타나고 있는 '신뢰의 위기'는 전체적으로는 결정자들의 위기처럼 여겨진다.

* 정치계층은 오래 전부터 그 신뢰도에 있어 가장 밑바닥을 헤매고 있다.
* (국가들에 따라서 약간의 차이들은 있지만) 노동조합들은 퇴조의 단계에 있거나, 그들의 변증법적인 역할을 포기하고 있다.
* 야당들은 흔히 프로그램조차 가지고 있지 않으며, 권력을 가지고 있는 여당에 대해 대안을 제시하지 않는다.
* 10여 년에 걸쳐 커다란 인기를 모았던 재계 경영자들은 그 신뢰도와 결집력을 잃고 있다.

재검토의 대상이 되는 것은, 이 결정자들의 제도적인 정당성이 아니라 그들의 도덕적 정당성이다.

부인되는 것은 그들의 권위가 아니라, 사회적인 대화에서 출발하여 합의를 이끌어 내지 못하는 그들의 무능력이다.

그리고 불신을 불러일으키는 것은 그들의 노하우가 아니라, 차라리 그들의 존재양식과 그들의 윤리의식이다.

그렇지만 가장 중요한 것은, 그들의 신뢰도를 가장 약화시키는 것은 그들의 경영 결과가 아니라, 그들에게 미래에 대한 계획과 위기에서 벗어날 수 있는 진정한 시나리오가 부재하다는 것이다.

우상으로서의 엘리트

우상이란 무엇인가?

일상어는 그것을 '스타'·'브데뜨'·'소수의 행복한 자들' 등의 의미로 지칭하고 있다.

이들은 따라서 보통 사람들을 초월하여, 비제도적인 바탕하에 우뚝 선 찬미받고 모방될 본보기로서 만인에게 소개되는 모든 자들이다.

이것은 평범한 신도를 완벽함의 원형, 다시 말해 '성인'으로 만드는 종교적 성화의 기본 시스템이다.

그리고 고대 신화에서 그것은 마찬가지로 인간으로 태어나 반신의 지위에까지 올라 본보기를 보이는 전설적인 인물이기도 하다.

이 부류에는 공주들, 톱모델들, 무대 스타들, 스포츠 스타들, 예술가들, 그리고 일반적으로 모든 스타 시스템이 포함된다.

그들의 기능은 무엇인가?

그것은 본보기의 역할이며, 경탄할 만한 삶의 방식을 영속화하는 역할이다.

그들은 어떠한 완벽함이든 은총, 선천적 재능, 또는 비범한 개인적 훈련을 통해 얻어진 하나의 완벽함(아름다움, 지능, 건강성, 신체적 혹은 예술적 능력)에 대한 이미지이다.

* 인류학은 그들이 다윈의 자연도태 과정의 산물인 지배자들, 따라서 자신들이 속한 환경에서 상대적으로 가장 우월한 개체들이라고 파악한다.
* 심리학은 이러한 우상으로서의 엘리트를 한 부족집단에서, 흉내내어야 하는 완벽함과 엄격함의 모델인 집단적 자아의 이상형에 대한 투영으로서 묘사하고 있다.
* 사회학자는 엘리트들에게서 성공의 필수요건(미국식의 hall of fame)*을 파악하고 있는데, 그 성공의 우상들은 자신들의 지위에 절대로 도달할 수 없는 일반 대중이 숭배하는 성공의 모든 비결들을 대표하고 있다.

엘리트 우상들의 정당성은 이중적이다

자신들이 속해 있는 소우주에서, 그들은 이 소문화(체력, 지식을 테스트하는 시험, 하나의 구조 내에서 통과의례의 오랜 과정, 상속, 혈통 등)의 고유한 선발과정에 따라 가장 월등한 자들을 대표한다.

그러나 이러한 정당성은 흔히 다른 국민들에게는 이해되기

---

* 영예의 전당. 유명한 미국인의 흉상과 초상화가 장식되어 있는 뉴욕대학교 구내의 기념관. 5년마다 약 1백 명의 심사위원에 의하여, 사후 25년 이상이 지난 사람들 중에서 이곳에 장식될 대상자가 선정된다.

어렵다.

그리고 사회 전체에 대해 자신들이 만인의 눈에 **월등함의 본보기**로 신성화되기 위해서, 그들은 오늘날 매체에 의존한다. 매체 시스템은 따라서 오늘날 성인들을 사회에 제공하는 거의 종교적인 역할을 수행하고 있는 것이다.

스타 시스템은 우상들을 이야기하고 있기 때문에 그것을 의식하고 있다.

우상들의 작동체계는 승천이다

* 그들은 일상적인 현실들과 거리를 유지하며, 하찮은 일거리들로부터 점점 더 멀어진다.
* 그들은 위풍당당하며 범접할 수 없고, 인간인가 싶을 정도로 멀리 떨어진 존재들처럼 보이며, 따라서 그럴수록 더 경탄의 대상이 된다.
* 그들은 자신들의 추종자들과 드물 정도로만, 항상 찬미하는 의식들이 거행되는 상황에서 어울린다.

그들의 영토는 자신들이 영웅으로 대접받는 집단적 상상체계의 내부이다

우상들은 사실 (의사결정 엘리트의 결정자들과는 반대로) 사물들의 현실과 관계를 갖지 않는 엘리트주의의 한 형태이다.

그들은 물질적인 제약에서 멀리 벗어난 꿈의 이상을 구현한다. 그들은 학교에서 학습되고 매체들에서 예찬받으며 독실한 팬클럽 등에 의해 신성화되는 뛰어남의 모델 역할을 하지만, 그

들이 구현하는 것은 사회적 게임을 벗어나고 일상의 제약과는
거리가 먼 꿈의 이상일 뿐이다.

우상들의 인기와 한계

현재 나타나고 있는 '신뢰의 위기'는
이러한 엘리트 우상들에게 유리하다

결정자들이 약해질수록 기존의 의사결정 엘리트들의 결핍은
점점 더 강하게 느껴지고 불확실성, 사회학적 공허함, 지표의 부
재, 그리고 포기의 느낌이 강화될수록 리더십의 교체에 대한 필
요성은 강해진다.

우상들의 이러한 대안제시적 이미지들은 집단적 상상을 진정
시키는 데 알맞은 성공·행복, 그리고 신분상승의 예들을 제공
함으로써 허전함을 메우러 온다.

이것은 위기의 시기에 그들의 확산을 설명한다.

* 과거의 위기 상황에서는 헐리우드의 스타들과 핀업걸들이었으며,

* 오늘날은 (전사들을 대체하는) 신격화된 스포츠 스타들과 (공주
  들의 지위를 차지한) 톱모델들인 것이다.

그러나 이러한 모델들은 현실에 기반을 두지 않은 상상만을
충족시킬 수 있을 뿐이다.

집단적인 고뇌들을 완화시켜 주는 꿈의 유익한 기능을 수행
하기는 하지만, 그들은 위기의 문제에 대해서는 어떠한 면에서
도 다음과 같은 이유들로 인해 해결책을 제시하지 못한다.

* 너무 다양한 그들은 어떠한 가치체계도, 일관되고 합의에
  의한 어떠한 행태 모델도 그려내지 못한다.
* 너무 추상적이고 너무 동떨어져 있는 그들은, 그들 스스로
  위기에서 벗어나 있기 때문에 더 이상 그들을 모방하는 것
  이 가능하게 여겨지지 않는다.

촉매제로서의 엘리트

촉매제 역할을 하는 자들은 누구인가?

그들은 자신의 해체와 파괴, 도덕적 쇠락, 또는 연대성의 결핍
과 맞서서 분권화된 방식으로 싸우는 사회체의 매개적인 구성
원들이다.

그들은 어떠한 면에서 병들었을 때를 대비한 사회체의 의사
들이거나, 아니면 단순하게 아주 건강하다고 느낄 때 필요한 훈
련사들이다.

이러한 엘리트적 기능에는 다음과 같이 서로 다른 모습들을 지닌
사회적 주역들이 포함된다.

* 모든 대의명분들을 위한 열성분자들로서, 오늘날에는 특히 환경
  보호주의자들과 인권보호주의자들.
* 보다 단순화시키면 각종 비영리단체의 지도자들.
* 또한 비정부기관들의 열성회원들.
* 그리고 단체행사와 사회운동의 전문가들.

그들의 기능은 무엇인가?

지역사회, 각종 단체들, 또는 소집단의 주역들은 결정자들보다 저변층과 가깝고 우상들보다 더욱더 현실에 바탕을 두고 있으며, 결정자들과 우상들의 부족함을 보완한다.

* 그들은 이론적인 절대적 지식을 구현하는 것이 아니라, 경험적인 노하우를 구현한다.
* 그들은 그들 앞에 먼날을 내다보는 예언자적 비전을 제시하는 것이 아니라, 하루하루 상황에 대처하겠다는 선한 의지로 빛난다.
* 그들은 어떠한 이데올로기도 설교하지 않으며, 대신 공동체적인 생활의 윤리의식을 실행한다.
* 그들은 반드시 엘리트적인 우상의 카리스마를 가지고 있는 것이 아니라, 시민들에게 동일시의 진정한 모델과 신뢰할 만한 본보기를 제공한다.

그들의 역할은 오늘날 특히 취약한 사회적 유대를 유지하는 것이다.

그들의 정당성은 행동에서 비롯된다

그들은 대체적으로 '아무런 주요 인물들'도 아니다. 선출된 것도 아니고, 임명된 것도 아니며, 추천되거나 학위를 가지고 있는 것도 아니다. 그들은 단지 이니셔티브와 자원활동, 그리고 흔히 봉사활동을 통해서 스스로 선택되는 것이다.

그들의 에너지를 이렇듯 너그럽게 이용함에 따라 그들의 신뢰도와 영향력은 하루하루 인정받게 된다.

 * 어떤 자들은 지위의 이러한 익명성을 끈질기게 고집한다.
 * 또 다른 자들은 제도화되고, 직책들과 특권들 등에 의해 유명인사들이 되며, 이윽고 의사결정 엘리트로 변신해 간다.

촉매제 역할을 하는 리더들의 작동체계는 한시가 급하다

다른 엘리트들과 달리 이들은 전적으로 그들이 순간순간 당면한 환경의 필요성에 의해 살아간다.

그들은 시민들과의 직접적인 접촉을 통해서 영향력을 행사하고, 시민들의 삶을 공유한다.

그들은 경험에 의해서 결정한다.

그들의 활동영역은 따라서 각 분야의 일상적 현실이다

그들은 현장의 리더들이며 기반이 되는 사람들이기는 하지만 반대로 다른 의사결정 리더들, 또는 우상의 대상이 되는 리더들과는 떨어져 있다. 그들은 패션계에서 각광을 받고 매체들의 조명을 받는 행복한 소수들의 생활방식과는 무관할 뿐만 아니라, 그들 스스로가 엘리트라는 것을 의식하지 못한다.

이러한 이유에서 그들의 흔치 않은 TV 출연 혹은 정치무대에의 갑작스러운 등장은, 그들의 미숙함이라기보다는 이국적이며 다른 엘리트들에게는 거의 알려지지 않고, 이들의 정면을 향해 보란 듯이 던져지는 그들만의 체험된 세계로 인해서 두드러지게 보이고 충격적으로 여겨지는 것이다.

촉매자들의 인기와 한계

의사결정 엘리트에 대항하는 신뢰의 거부는
이들 촉매자들을 이롭게 한다

위기는 하나의 현실과 혼란·파괴·불의, 그리고 고뇌라는 보다 커다란 느낌을 만들어 냈다.

결정자들의 태도는 사람들의 요구를 알아듣지 못하는 청각장애와, 진정한 삶과는 거리가 먼 지도자들과의 소원함으로 해석된다.

이렇게 적막한 사회의 사막에서, 오로지 촉매자들만이 실용적인 적응의 이니셔티브를 운영하기 위해 현장에서 적극적인 활동을 수행한다.

그러나 위기를 다스리는 이러한 의사들은
대안적인 사회 모델을 제시하지 않는다

일상생활의 세부적인 사항들과 너무 가깝고, 그들의 소공동체 또는 그들의 활동영역에 너무 집중되어 있으며, 게다가 시급한 상황으로 너무 바쁘기 때문에 그들은 전반적인 비전을 제시하지 못하는 것이다.

이 리더들은 가장 인기가 있는데 상황이 불안할수록, 사회적 재난들이 축적될수록 이러한 현상은 강화된다.

그러나 그들의 인기는 선도자라기보다는 오히려 선한 사마리아인으로서의 역할에 기인한 것이다.

따라서 사회체가 필요 불가결하지만, 고통스러운 미래의 변동을 감당하기 위하여 시선을 돌리는 것은 이러한 인기 있는 인물들도 아닌 것이다.

비전을 지닌 엘리트

'미네르바의 새는 황혼이 되어야 깨어난다.' 모든 것이 어두워졌을 시기에 그들의 진정한 자리를 찾는다고 여겨지는 철학자들의 역할에 대해 헤겔이 이야기한 것은, 보다 일반적인 방식으로 전망을 지닌 이러한 리더들에 대해서도 적용될 수 있다.

권력을 차지한 결정자들은 오늘날 기술·행정적 경영자로서, 그들의 조직화 방법들을 사회와 정치의 장에 적용시키려고 했다는 이유로 비판받고 있다. 사람들은 오늘날 미래에 대한 논의를 막아 버리고, 그것을 과거로 축소시키는 (어제는 사람들이 찬미했던) 그들의 과도한 합리성을 비난한다. 과거 엘리트가 모든 사회적 변화 앞에서 대중이 무력하다고 원망하면서 그들과 단절되면 될수록, 이 엘리트는 단절을 위한 새로운 엘리트의 도래를 점점 더 가속화시키는 것이다.

미래에 대한 청사진이 결핍된 상황에서는 비전을 가진 자들이 길을 인도하는 자들이 될 것이다. 각각의 중요한 변동시기마다 사회에 새로운 활력을 불어넣기 위해 새로운 엘리트들이 출현하는데, 이들은 아직은 사회체제에 원만히 편입되지 않은 집단처럼 오늘날 여겨질 수 있을 것 같은 부류에 사실상 속하며, 모델들을 재생산하는 것이 아니라 반대로 창조하는 자들이다.

　　변동과정에서 나타나는 엘리트는, 그 자체로는 혁신적이지도 보수적이지도 않다. 이것은 무엇보다도 한 '순간,' 하나의 유리한 상황, 확산된 기대에 대한 하나의 해결책, 발견되어지기만을 기다리고 있는 조화 등이다. 그것은 다수의 생각들을 결집시키고 구체화시키며 개인과 집단, 일탈적인 것과 규범적인 것, 특별한 것과 일반적인 것을 세계에 대한 그의 새로운 비전을 통해 합의하도록 만드는, 미래로 향해 한 걸음 내딛는 것이다.

3

미래 엘리트들의 모습

위기에 처해 있는 사회가, 전통적인 모델들의 끈질긴 실패에 부딪히며 미지의 것과 맞서고 그것에 적응해야 하는 상황에서 단절과 변동의 주기로 접어들게 되었을 때, 그 사회는 전통적인 엘리트들로부터 시선을 돌려 아직 적용되지 않은 모델들을 제시할 수도 있는 새로운 리더들에게 그 신뢰를 옮긴다.

이들은 우월성의 본보기가 될 유산들이 아니라 변혁운동의 촉매자들이다.

90년대에 명백하게 서구 문명은 엘리트의 개편을 요구하는 단절과 변동의 주기로 접어들었다.

엘리트로부터 촉매적인 리더십으로의 이행

* 오늘날 엘리트들에 대한 비판은, 68년 5월 혁명 이후의 특징인 모든 선도와 모든 권위를 거부하는 데 있는 것이 아니다. 그것은 반대로 무력하고 방향성 없다고 판단되는 현재의 선도자에 대한 환멸을 표출하는 것이다. 그것은 새로운 모습을 갖춘 리더십에 대한 갈망인 것이다.

* 80년대와 90년대 산업사회의 특징이라고 할 수 있는 **각종 엘리트 우상들의 번창**은, 생존과 성공을 위한 기적 같은 대책들을 모색하는 작업들이 실망스러웠다는 의미이다. 그리고 매체들은 그들의 시청자들로 하여금 마치 낙관주의자의 마술 같은, 사랑의 묘약처럼 소비할 수 있도록 우상들을 제공하고 있다.

그러나 모든 종류의 이러한 엘리트 모델들은, 문명의 진정한 변동에 대처하기 위해 사회가 혁신을 필요로 할 순간에는 보수적이다.

오늘날 엘리트 모델에 속하는 스타가 된 일부 개인들은, 따라서 해결책이 아니라 위기를 잊기 위한 기분전환용으로 보여지고 있다.
국민이 자발적으로 위기로부터의 탈출에 필요한 선도자를 찾게 되는 것은 그들에게서가 아니다.

위기에서 벗어나기 위한 새로운 리더십의 필요성은, 의도적으로 적절한 변화를 위한 촉매적 엘리트상으로 방향을 전환하게 된다.

테크노크라트적인 권력에서
비전을 지닌 새로운 리더십으로

예전에는 우리 사회가 애초에 방어력으로 정당화된 군사 엘리트들에 의해 지배되고 이끌어져 왔으며, 그 이후에는 귀족적인 군인계급의 뛰어난 왕조 시스템이 자리를 잡았다.

이러한 앙시앵 레짐 **이후에는,** 부르주아 출신의 재산을 지닌 **세습재산 엘리트**의 우위가 이어졌다. 우선 '계몽'이라는 촉매적인 역할을 맡고 민주주의의 창립자들인 이들은, 이어서 산업 대기업가들의 투자 능력으로 정당화되었다.

그들의 **뒤를 이어** 자본주의 권력의 경직성에 대해 **사상적 엘리트**의 새로운 리더십, 지식인들이라는 새로운 법복귀족, 사상가들, 웅변가들이 해결책을 제시했다. 이것이 바로 전문적이고 제도적인 정치계층의 탄생이었다.

국가들에 따라서, 이 엘리트는 겉으로는 상이한 형태들을 취했지만 사상과 언어의 권력 메커니즘에서는 동일했다. 유럽에서는 정당에서부터 매체를 통해 대중적 인기를 얻고 있는 지식인들까지, 서쪽에서는 공산체제의 중진인사로 변해 버린 혁명적 노동조합주의자들에서부터 대통령이 된 변호사들까지 그 형태가 다양하다.

오늘날 권력은 합리적인 가치, 사회에 대한 기계적 개념, 호모 에코노미쿠스로서의 인간철학을 지니고 있는 **테크노크라트 엘리트**에게 주어져 있다.

이들은 학교 시험제도의 능력주의에 의해 정당화된 지식인 세대들이다.

이상하게도 테크노크라트가 촉매가 된 변화의 역동성을 창출해 낼 정도로 이데올로기적 정치계층을 약화시킨 것은 68혁명 세대의 유토피아적 봉기들이었다.

그러나 (30세가 겨우 되었을) 이러한 새로운 엘리트는 이미 그들이 경제적인 측면에서 해결하지 못하고, 그들이 그 문화적인 차원을 헤아릴 수도 없었던 이러한 '위기'와 함께 퇴조하기 시작했다.

오늘날 이미 이데올로기적이고 테크노크라트적인 엘리트에 대한 신뢰의 여지가 무너지는 반면, 비엘리트적인 대안들과 이러한 촉매 역할을 위한 후보자들이 등장하고 있다.

* **기업의 경영 엘리트는 어떠한가?** 그러나 이 엘리트도 '사건들'에 의해서 애초에 약화되었으며, 윤리적이고 인간적인 부흥의 필요성에 어떠한 해결책도 제시하지 못하고 있다.
* **인도주의적 엘리트는 어떠한가?** 그러나 이들은 사회의 대안 모델을 제시하기보다는, 오히려 그 체제의 결핍을 보완시켜 줌으로써 기존의 사회체제를 옹호한다.

전통적 혹은 현대적인 엘리트들에게 있어서, 다시 말해 귀족계급에서 스포츠 스타들에 이르기까지 그리고 쇼비즈니스에서 매체에 이르기까지, 오늘날 그들의 역할은 위기를 해결하는 것보다 위기를 잠시 잊을 꿈을 제공하는 것이다.

쇄신된 리더십의 미래

미래에는 사회문화적인 논리가 다른 사회 모델로의 변혁을 유발시키기 위해, 지금의 엘리트들이 제공하지 못하는 새로운 리더십의 모습을 요구하고 있다. 그렇지만 그것은 아직까지는 그 주역들이 누구인지 드러나지 않고 있는 **비전을 지닌 리더십**

이 될 것이다.

앞으로 이러한 촉매적 리더들에게 기대되는 것은, 위기의 절망으로부터 벗어날 수 있는 사회의 대안을 발견해 내는 일이다.

심리학적으로 말하자면 그들의 역할은 **단절**, 한 시대의 종말, 그리고 다른 문명과 다른 생활양식들을 재창출해 내야만 하는 필요성을 인정하도록 하고, 이러한 위험감수를 받아들이도록 하는 것이 될 터이다.

사회학적으로 말하자면, 그들의 기능은 다양한 사회집단들에 의해 하나의 공통분모로서 받아들여질 수 있는, 장기적인 미래의 시나리오를 중심으로 하나의 합의를 도출시키는 것이다.

정치적으로 말하자면, 희생이 혜택과 마찬가지로 동일시될 것인 진보의 시나리오 속으로 국민들을 나아가게 하는 것이 그들의 몫일 것이다.

기업에서 그들의 과업은 경영·고용·보수와 관련된 새로운 모델들을 혁신시키고 제안하는 데 있을 것이지만, 또한 그와 더불어 각자로 하여금 그 행동에 있어 집단적인 의미를 찾을 수 있도록 하는 목표들에 동참하도록 하는 데 있을 것이다.

이러한 상황에 있어서 그들의 일반적인 역할은, 비전의 에너지를 빌려 아직 정의되지 않은 미래로 우리 사회를 투사하기 위해서 바로 예언자적인 성격을 갖추는 것이다. 이를 위해서 다음과 같은 노력들이 병행되어야 한다.

* 현재 권력을 차지하고 의사결정을 내리는 테크노크라트 엘리트, 계량적이며 경제 중심적인 그들의 순수논리, 그리고 구태의연한 전술적 시계비행과 강력하게 결별한다.
* 또한 과거의 이데올로기 엘리트 및 그들의 독단론과 결별한다.
* 쇼비즈니스 엘리트들의 성상들과 결별한다.

비전을 지닌 리더십을 찾아서

비전을 지닌 자들이 제시하는 사회의 청사진(또는 차라리 미래의 생활방식에 대한 시나리오라고나 할까)은, 그들의 행동방식만큼이나 다음과 같은 새로운 가치 시스템의 표식을 지니게 될 것이다.

* 덜 메커니즘적이며 **게슈탈트적인 사회 개념**, 아니면 차라리 계량 불가능한 최대의 변수들을 통합하고 불확실한 부분을 수용할 수 있는 생명체의 생물학적 도식에 따른 사회 개념.
* '모성적인 조화'의 가치를 추구하는 시스템:
  — 정복보다는 균형을 추구.
  — 힘보다는 삶의 질을 추구.
  — 자연과 인간 환경을 지배하기보다는 그것에 동화되기.
  — 단순한 계약, 또는 권력관계를 기반으로 하기보다는 감정적인 차원을 포괄하는 공생의 관계를 토대로.
  — 장기적인 차원에서 인내심을 가지고 지속적으로.
* 절대적인 원칙에 입각한, 그렇지만 그 실행에 있어서는 변화의 여지를 수용할 수 있는 성격을 지니고 인류 진보의 궁극적 목표를 담고 있는 **확고한 '도덕적 필요성.'**

* 획일성으로서가 아니라 최소한의 목표를 공유하며 게임의 규칙들을 공유하는 것을 바탕으로, 사회를 분할하는 **사회문화적 파벌들을 통합하는** 역할.
* 그리고 상호 대화성의 조건하에서 지속적인 **사회적 대화를 활성화시키는** 역할.

변혁운동의 합의에 대한 혁신적인 신뢰를 재결집시킬 수 있는, 비전을 지닌 리더들이 인정받게 되는 것은 이런 기준들에 의해서이다.

비전을 지닌 리더들은 누가 될 것인가?

현재 형성된 엘리트로 존재하지 않기 때문에 아직 그들을 알아볼 수가 없다.

그들이 '새로울 것' 이라고 상상할 수 있는가?

이론적으로는 그렇다. 왜냐하면 68년 이후 권위에 반대하는 여론에 의해 타격을 받은 모든 기존의 엘리트들에 대한 실망이 크며, 위기를 설명하고 제어하며 해결하는 데 있어 그들이 보여준 명백한 무능력은 그들의 신용을 잃게 만들었기 때문이다.

그러나 그들의 신뢰자산을 약화시키는 것은, 현재 의사결정자들의 능력이라기보다는 (국민에 의해 느껴지는 것과 같은) 소원하며 권위적이고 거만한 그들의 방식, 비인간적으로 판단되는 그들의 행태, 기계적인 그들의 윤리의식에 기인한 바가 훨씬 더 크다.

　따라서 당연히 지도층의 사고방식, 권력을 둘러싼 행태, 의사
결정방식, 그리고 권위와의 관계에 대한 급진적인 변화를 국민
은 열망하게 되는 것이다. 이것은 엘리트에 속하는 인간 스스로
의 변화를 함축하고 있다.

　그러나 우리는 오늘날 단기적이건 중기적이건, 비전을 지닌
이러한 새로운 리더들이 길러질 양성소들의 흔적을 아직 발견
하지 못하고 있다.

　우리는 또한 현재의 의사결정자들 중 일부가
비전을 지닌 역할을 맡는 쪽으로 옮겨가는 상황을 기대할 수 있다

　리더십은 실제로 인물 자체에 있는 것이 아니라 그들의 행태,
그들의 방법, 그들의 언어, 그리고 그들이 영향력과 권위를 행사
하는 방식에 있다.
　엘리트주의는 또한 개인들의 성격 그 자체에 있는 것이 아니
라 사회의 작동 모델, 진보에 대한 철학, 그리고 그들이 체득할
줄 아는 공동체적 도덕에 있다.
　비전을 제시하는 기능은 리더의 개인적 교육과정에, 그가 겪
은 과거의 체험에, 그의 인성에 있는 것이 아니며 미래에 대한
시나리오, 사회에 대한 청사진, 삶의 방식에 대한 희망을 제시할
수 있는 그의 능력에 있는 것이다.

　과거와 현재의 엘리트들과 리더들은 향후 카리스마적인 비전
제공자들의 역할을 물려받기 위해서, 그들의 변신을 실행할 수
있는 좋은 기회를 맞이하게 될 것이다.

그러나 그것은 대중과의 관계에 있어 단순히 화장으로 처리한 분장의 정도가 아니라, 실제적인 **탈바꿈**을 말하는 것이다. 그들은 그 변신이 신뢰감을 줄 수 있도록 사회와 사회체의 개념을 심도 깊게 변화시켜야 할 필요성이 있다. 그들은 더욱이 인도 방향을 바꾸어야 할 필요가 있다.

그들은 특히 미래와, 심지어 유토피아에 대한 비전을 품을 수 있도록 해야 할 것이다.

**이러한 '비전 제시자들' 의 속성은 아직 가상현실이며,
위험부담이 없는 것은 아니다**

왜냐하면 만약 현재의 엘리트 리더들이 이러한 변신을 수행할 수 있는 통찰력과 용기, 그리고 상상력을 지니고 있지 않다고 하면 리더십의 공백은 점점 더 깊어질 것이기 때문이다.

그리고 새로운 리더십은 진취적 사고와 야심을 지닌 모든 자들에게 열려 있을 것이다.

II

실제적 파급효과

각 전문 분야에 나타나는 결과들;
공직, 기업, 마케팅, 커뮤니케이션

1

정치적이며 경제적인 권력을 행사함에 있어

사회문화적 조류의 파급효과

위기에 처한 엘리트들

전국적이건 지역적이건 모든 차원의 정치지도자들, 공기업이 건 사기업이건 모든 규모의 기업경영자들은 동일한 사회적 기 능을 나누어 가지고 있다. 그들은 사물들의 질서와 인간들의 질 서를 동시에 담당한다.

물론 정치와 경제는 최소한 유럽에서는 상대적으로 다른 분 야들이지만 정치인들과 사회경제적인 경영자들을 구분하기 전 에, 누가 어디에 속하느냐는 진영과 경쟁자들을 구별하기 전에, 다양한 '권력의 스타일들'로 나누어지기 전에, 그들은 **엘리트 시스템**이 작동하는 동일한 논리를 공유하고 있다.

* 그들의 집단적 정당성은, 사물들의 질서와 인간들의 질서라 는 두 가지 분야에 있어 그들이 우월한 분별력을 지니고 있다는 믿음에 기반을 두고 있다.
* 그들의 신뢰도는, 그들이 이용하는 방법의 효율성에 대한 주관적 인식에 근거한다.

* 그러나 보다 중요한 것은, 그들의 실질적인 권력이 그들의 저변층(유권자들, 혹은 직원들)의 가치들을 대의적인 방식으로 반영할 수 있는 능력에 크게 의존한다.
* 왜냐하면 그들의 결집 능력은 현상황의 현실들, 미래에 대한 진보의 시나리오, 그리고 그것에 도달하는 방법을 모두 일순간에 구현할 수 있는 그들의 능력에 따른 것이기 때문이다.

'엘리트의 위기,' 그리고 그들의 신빙성 및 신뢰도의 상실은 따라서 10~15년 전부터 자리를 차지하고 있는 모든 종류의 지도자들에 대해 마찬가지로 의구심을 제기하도록 만든다.

여당과 야당간의 전통적인 정권 교체는 신뢰와 확신을 쇄신시키고, 노력과 희생을 바탕으로 결집시키는 데 적절한 것으로 더 이상 여겨지지 않는다.

위기들을 제거하고 구조조정을 받아들이게 하며, 생산적인 에너지와 경쟁력을 갖춘 투쟁정신을 북돋아 주는 기업 문화를 강화하는 데 있어, 기업을 이끌고 있는 경영자의 단순한 변화는 이전보다 실망스러운 수준에서 이루어지고 있다.

그것은 위기가 인간성이나 이데올로기의 문제가 아니라는 것을 의미하는 것이다. 그들이 인도하도록 되어 있는 국민에 의해, 합리적인 비판에 의해서가 아니라 감정적인 변절을 통해서 오늘날 회의의 대상이 되고 있는 것은 전체적인 경영 모델이다.

그리고 80년대의 지도 모델이 결집력을 상실해 감에 따라 지도자들의 한 세대 전체가 자신들의 권위가 불안정해지는 것을 스스로 목격하는데, 이것은 단지 그들에게 있어서만 심각한 문제가 아니라 퇴출당할 위기에 놓인 사회정치적, 그리고 사회경제적 시스템 전체에 있어서도 심각한 문제가 되는 것이다.

모든 구조들의 지도자들 모두는, 오늘날 이러한 의사결정 엘리트들에 대한 회의에 의해 약화되어 있다.

모두들, 자신들이 이끌고 있는 사람들에 대한 결집력이 감소되어 가는 것을 볼 각오를 하고, 심지어 자신들이 '사회학적으로 회의의 대상이 되며' 어떤 면에서는 '감시받는 자유의 상태'에 놓이게 될 각오를 하면서, 자신들의 역할이 겪는 깊은 변동의 시의적절성에 대해 질문을 던져야 할 것이다.

권력들, 리더십, 그리고 엘리트주의

옛날에는

독재적 체제의 정치 엘리트들과 사회경제적 엘리트들은 '가장 힘센 자의 논리'를 영속화시키고, 그 논리를 모든 비판으로부터 보호하기 위해 세습적인, 다시 말해 '신에 의해 부여받은' 것이었다.

민주주의 시스템들은 흔히 리더십의 새로운 형식에 적응하든지, 아니면 소멸되든지 했었어야만 하는 이러한 전통적인 엘리트들에 대항하여 간혹 과격한 혁명을 거치며 탄생하였다.

그리 멀지 않은 과거에는

권력이라는 것이 다소 한시적이고 정기적인 통제를 받는 민주주의 체제에서는, 여론의 합의를 토대로 자신들의 권위를 세우기 위해 상징들과 대표성들을 다루는 데 각별히 능숙한 새로운 지도층 엘리트들이 형성되어 왔다.

어떤 정치학자들(파레토와 모스카)은, 다음과 같은 두 종류의 리더십이 규칙적으로 교체된다는 것을 간파했다.

* **사자형 리더십**: 이들은 여론이 과감히 맞서기를 두려워하는, 결정들을 강요하는 그들의 의지와, 경우에 따라서는 난폭한 그들의 힘에 의해 혼란한 시기에 사회의 통치권을 장악하게 된다. 그들은 '난폭하게' 다스린다.
* **늑대형 리더십**: 이들은 사회가 안정되고 기득권을 관리해 주기를 갈망할 때 나타난다. 이들은 계략과 능숙한 조작 솜씨를 사회의 조화를 위해 이용하며, '마키아벨리식'의 방법으로 다스린다.

이 두 가지 의사결정 리더십은 정복과 진보라는 사회의 첫번째 주기에 들어맞으며, 이것은 정복과 진보의 대체 가능한 원동력을 운동과 휴식, 그리고 위험감수와 긴장완화라는 두 차례의 단계를 거치면서 구체화시킨다.

그러나 그들은 사회체가 다른 가치들을 갈망하는 안정스러운 정착과 소비의 주기에는 적당하지 않다.

산업화된 모든 국가들에 있어서, 1968년의 시기는 이러한 두 가지 유형의 리더들에 대한 동시적인 반발이었던 것이다. 사자형들의 권

위주의에 대한 항거였으며, 늑대형 정치가 또는 특권층들의 거짓말
에 대한 항거였다.

종전에는

사자형과 늑대형들이 이렇게 정당성을 상실함으로써 **테크노
크라트들**인 새로운 의사결정 엘리트들이 주목을 받게 되는데,
여론·유권자들 그리고 노동자들은 이들을 통해서 더욱더 안정
적이며 무엇보다도 능력 있고 중립적이며, 객관적이고 공평하
며, 그들의 에너지를 사상투쟁 또는 조직의 이권싸움이라기보다
는 공동체적 행복의 경영에 헌신하는 지도자상을 발견하게 되
었던 것이다.

전문가들로 구성된 이러한 테크노크라트 집단은 오래 전부터
존재하였으며, 이미 권력의 행사에 참여하였으나 어둠 속에서
전제적 엘리트들을 위해, 그후에는 사자형 또는 늑대형 엘리트
들을 위해 다음과 같이 봉사하였다.

* 이들은 19세기까지는 우선 성직자들이었다.
* 그리고 나서는 대가문들과 같은 산업계 거물들의 업무를
  훌륭한 집사로서 관리할 수 있는 쁘띠 부르주아 출신의 학
  위취득자들이었다.
* 이어서 국가의 입장에서, 공무원들이 능력 있고 헌신적인
  공복으로서의 동일한 역할을 수행하게 되었다.

그리고 초기의 **구세주 역할**을 은밀하게 수행하던 이 엘리트

는 점진적으로 자신의 재생산을 위한 시스템을 구축하게 되는데, 그랑제꼴이 그 절정을 이루게 된다.

60년대부터 이러한 기술경영자들은 정부 각부처, 고위행정 분야, 그리고 기업들의 고위간부진에 있어 권력의 일부를 담당하기 위해서 어둠 밖으로, 그리고 단순한 기술고문의 지위에서 뛰쳐 나오게 된다.

68년 이후, 이들은 기업경영 분야에서와 마찬가지로 가장 높은 의사결정 단계에서 본격적으로 정계에 진출하게 되었다. **테크노크라트들이 지도계급이 되었던 것이며**, 당시에는 이러한 명칭에 경멸의 의미가 전혀 내포되어 있지 않았다.

학교제도의 직접적 산물인 이러한 새로운 지도계급의 일부가 실제로 새로운 인물이었던 반면에, 또 다른 중요한 일부는 **새로운 경영 모델로** 변화할 줄 알았던 이전 엘리트들로부터 재생되어 나온 자들이었는데, 이들의 작동도식은 수치분석·프로그래밍 그리고 지속적인 조절 메커니즘에 기반을 두고 있다.

이것은 사실 리더십의 이러한 교체과정에 참여하고자 했던 모든 지도계급의 탈바꿈이다. 경영적인 필요성과 합리적·의지적인 계획화로 비롯된 차갑고 명료한 언어는, 의사결정 엘리트의 동아리에 들어가고자 하는 누구에게도 거의 필수적인 요소가 되었다.

오늘날에는

오늘날 '엘리트 위기'에 의해 회의의 대상이 되고 있는 것은, 실제로 경영 모델을 실행하였던 사람들이라기보다는 바로 이러한 경영 모델 자체이다.

그들이 지니고 있던 과거의 자질들은 많은 사람들에게 있어 단점들이 되어 버렸다.

* 그들의 객관적인 사상적 중립성은 점점 더 이상을 지니지 못한 견유주의로 해석되었다.
* 그들의 윤리의식을 대변하는 효율성(그 기능이 작동되는 것은 모두 선하고 정의로운 것이다)이라는 개념은 비인간적인 무도덕성으로 여겨진다.
* 공동체적 봉사(국가에 대한 봉사, 또는 기업에 대한 봉사)에 대한 그들의 감각은, 개미군집과 같은 이 사회에 속한 익명의 개미들에 대한 무관심, 심지어 경멸이 아닌가 하는 우려를 하게 만든다.
* 조직화와 프로그래밍에 있어 그들의 엄격함은 경직성, 방법을 변화시킬 수 있는 능력의 부재, 절차들에 대한 절대적 맹종으로 인식된다.
* 이론화와 모델화에 있어 그들의 능력은 미지의 것과 예상치 않았던 것 앞에서 그들의 신뢰도를 떨어뜨리는데, 그러한 상황들을 통해서 우리는 적응할 능력이 없고 천편일률적인 실패의 도식을 강박적으로 반복하는 당황한 테크노크라트의 모습을 본다.
* 충동적인 감정들과 거리를 유지하고 있는 냉철한 그들의 통찰력은 로보트의 비인간성, 인정의 결핍, 경멸하는 태도로 거리를 유지하는 것으로 비쳐진다.
* 그리고 무엇보다도 '지식인들' 사이에서 그렇게도 찬미되고 항상 인정받았던 그들의 지능은 더 이상 생산적인 것으로 여겨지지 않는데, 왜냐하면 그 지능은 의미를 생산하는

데 무력하기 때문이다.

추세적으로 볼 때 오늘날 의사결정 엘리트들의 사고·담화, 그리고 작동방식이 더 이상 대중의 믿음과 확신에 의해 받아들여지지 않으며, 더욱이 더 이상 결집력이 없는 것이다.

그것은 물론 가치판단의 문제가 아니라, 그 명백한 증상들이 산업화된 모든 국가들에서 적지않게 일상적으로 나타나는 사회학적인 확증과 관련된 것이다.

그것은 오늘날 경영 테크노크라트로서 우리의 경제적·정치적 구조를 조정하고 있는 사람들에 대한 비판이 전혀 아니며, 그들 모델이 지니고 있는 기능장애에 대한 분석이다.

그리고 물론 이러한 진단은 7,80년대의 정착/소비라는 사회학적 주기와 완전하게 맞아떨어지며 상황 변동적인데, 테크노크라트 엘리트는 우리 사회와 공공여론이 이미 진입한 단절과 변동의 주기에 더 이상 적응하지 못하고 있다.

그리고 여론과 매체 시스템은 '사건들'을 극화시키고, 지도자들을 여론의 즉각적인 압력하게 놓이게 하며, 연설 내용 중에 경우에 따라서는 진정한 계획이 없을 수도 있다는 것을 강조함으로써 이러한 모든 현상들을 가속화시킨다.

미래에는

국가와 기업을 경영하기 위해서, 어떠한 새로운 지도계급이 시민들과 노동자들로 구성된 기층에 의해 기대가 되고 있는 것인가?

이 부류는 여론조사에 의해서는 명백하게 머리에 떠오르지 않는다. 조직의 우두머리·경영주·대통령·장관들의 이상적인 전형은 아직 재정의되지 않았으며, 견고한 모습을 갖추고 있지도 못하다. 그것은 리더십의 공백 앞에서 집단적인 심리의 혼란을 드러내는 추가적인 징후일 뿐이다.

이 계급은 심리사회학적인 예비연구들에서 그 모습이 엿보이기는 하지만, 그것은 차라리 기대되는 새로운 자질들의 한 묶음 같은 것이다. 그리고 그곳에서 우리는 FORESEEN 연구소에 의해 추출된 윤리, 모성적 조화의 가치, 상호 대화성, 인접성 등과 같은 문화적 추세들의 핵심 요소들을 다시금 확인하게 된다.

따라서 사회체의 가장 두드러진 결핍과 고통을 기반으로 해서, 세기의 종말을 이끌 대체 리더십을 어림잡아서라도 정의해야 하는 것이다.

권력을 차지하고 있는 리더는, 미래에는 순수한 결정자 또는 촉매자라기보다는 비전을 지닌 자여야 할 것이다.

최소한의 합의를 도출시키기 위해 상호 모순되는 이익들을 주장하는 목소리를 적정 수준까지 자제할 수 있도록 하면서 신뢰를 재결집하고 새로이 부여할 수 있으며, 에너지를 규합할 수 있고 노력과 희생을 받아들이게 만들며, 새로운 사회 모델을 만들어 내기 위하여 미지의 것에 과감히 맞설 수 있는 용기를 부여하는 엘리트는 현재를 생존하기 위한 확신과 방법들이라기보다는 유토피아, 야심에 찬 꿈, 사회와 삶의 방식에 대한 시나리오를 제시할 수 있는 자들로 구현되어야 할 것이다.

'프랑스 공화국이 간직하고 있는' 비전 있는 미래의 인재들(종교
인들, 예술가들, 또는 인본주의자들만큼이나 지식인들까지도)이 명백히
결핍되어 있다는 사실 앞에서, **사회를 경영하는 모델을 단기적이
며 중기적인 차원에서 근본적으로 변화시키는 것은 현재의 지
도자들이 감당해야 할 책무이다.**

그들은 대부분의 경우 냉혹할 정도로 통찰력이 있으며, 국부
적인 문제 해결에 있어서는 의지주의적이고, 합리적으로는 계획
과 기획 위주의 사고방식을 지니고 있으며, 통계적으로는 수치
분석에 강하고, 그리고 실용적으로는 단기적 상황을 해결하는
데 적합한 기술경영적인 엘리트 원형에 따라 교육되며, 그것의
범주에서 벗어나지 않는다.

모순투성이라는 느낌이 혁명을 유발시키기 이전에, 사회정치
적이며 사회경제적인 지도자들은 리더십의 개혁에 성공할 수
있을 것인가?

이것을 위해서는 이미지에 대한 간단한 성형수술이 그들에게 필요
할 것이다. 신뢰의 회복은 우선 '비전을 지닌,' 두번째로는 '촉
매적인' 경영의 새로운 모델을 추구한다는 다음과 같은 일련의
표식들을 통해서 진행된다.

* 첫번째로는 장기적인 측면에서 바라보고, 모든 이들에게 제
  안되는 삶의 시나리오를 묘사하면서 유토피아까지 구상하
  는 것을 두려워하지 않으며, **사회의 미래에 대한 과감한 확
  언**이다.
  미래의 새로운 지도층 엘리트는, 정치적 분위기의 무미건

조합과 무관심으로부터 벗어나기 위해서 급진적인 변화의 기본 방침들을 제안해야 할 것이다. 사물들을 변화시키는 것은 모든 엘리트들에게 공통된 것이지만, 다른 사람들보다 앞서 사물들을 변화시키는 것은 비전을 지닌 엘리트들의 특징이다. 효율성의 정치를 정의하기 위한 것이 아니라, 진행의 방향을 선도하기 위해서는 어디로 가고 싶은가에 대한 명확한 비전을 중심으로 한 철저한 변화의 모습을 보여야 한다.

미래 진보의 설계를 위한 이러한 비전의 제시과정에서 다음과 같은 두 가지 함정을 피해야만 한다.

—— 첫째, 일관성 없는 목록에 불과하기 때문에 즉각적으로 그렇고 그런 수작들이라고 파악되는 '선거 공약들'의 함정이다.

—— 둘째, 무의미한 개혁 이미지의 함정, 또는 '정의롭고 번영된 사회'·'강하고 경쟁력 있는 기업'이라는 너무 보편적이고 추상적인 전형의 함정이다.

마비상태를 타파하고 변혁운동을 다시 일으키기 위해 제시해야 할 것은 일관적인 시나리오, 상당히 명확한 전반적인 틀, 그리고 특별한 전망이다.

* 두번째로는 목표들, 그것들을 구현하기 위해 이용되는 수단들, 그리고 이러한 모험에 동참하는 각자의 책임과 권리에 대한 사회의 청사진을 지닌 일관된 **윤리의식에의 약속**이다.

시민들의 동참이라는 개념은, 교환의 상호성과 더불어 핵심적인 사항이다. 다시 말해서 "나는 정부에게 이러한 것을 기대한다. 그렇다면 정부는 내게 무엇을 기대하는가?"라는 질문을 던져야 한다.

그리고 오늘날 자리를 차지하고 있는 의사결정자들에 대한 도덕적인 의구심은 상당한 정도여서, 이러한 도덕적인 차원의 약속은 필수적인 것이다.

＊ 세번째로는 사회적이고 상호 작용적이며 변증법적이고 지속적인 대화 메커니즘의 확립이다.

오늘날 시민들 또는/그리고 노동자들이 그들의 기업경영에서도, 국가운영 등에 있어서도 자신들의 의견이 반영되지 않는다고 여기는 일반적인 느낌과는 대조적으로 사회적인 관계들을 재정립한다는 것은 핵심적이다.

군중에 휩싸이는 것도, 현장 방문도, 내부 커뮤니케이션의 매체들도, 대중매체들도 이같은 대화로서는 충분치 않다.

시민들의 충성과 동의, 그리고 동참을 얻어내기 위해서는 합의에 의해 형성된 전반적인 목표들을 중심으로 엘리트들과 그들의 '유권자들' 사이의 새로운 신뢰관계를 구축해야 한다. 오늘날 우리의 테크노크라트 집단이 보여 주는 것 같은 아주 세분화된 문제에 집착하는 태도 대신 문제에 대한 다방면의 접근들이 필요하다.

그리하여 새로운 정치 엘리트는 구조적 경직성에 저항할 뿐만 아니라, 인기 영합적인 기회주의도 거부해야 할 것이다.

미래에 대한 비전, 문제들에 대한 게슈탈트학파적인 접근, 그리고 동참을 유도하기 위해 시민들을 중시하는 태도가 필요하다. 따라서 분할, 중요성의 측정, 시민들 중 가장 소외받는 부류들의 배제 대신에 현재의 대중을 구성하는 개인들 전체를 최대한 포함시키려는 시도도 요청된다.

모든 정치권력 체계는, 대상이 되는 국민들에게 영향력을 미치는 것을 목적으로 하는 하나의 작동장치이다. 공민적인 의무에 대한 가치가 결핍된 현재의 상황은, 테크노크라트 엘리트들이 실천해야 할 이것과 똑같은 의무들을 반영하고 있다. '그것은 내 책임이 아니기' 때문에 떠맡기 싫어하는 문제들에 대해 거리두기, 초연함, 그리고 무관심을 보이는 것은 이러한 흉내내기에 불과할 뿐이지만, 그럼에도 불구하고 현재의 정치 엘리트들과 그들을 선택한 '유권자들'의 입장을 구별하는 기준이 된다.

기술적으로는 전자적인 상호 대화성의 방향으로 발전해 나가는 사회에서, 새로운 엘리트들은 지속적인 사회적 토론의 촉매제 역할을 수행해야 할 것인데, 이것은 여론을 선동적으로 조작하며 지도할 것이 아니라 결정하고, 그 결정 후 질문에 대한 대답을 하기 이전에 경청하고 '고려하기' 위함인 것이다.

* 감정적인 측면과 상상적인 측면에 대한 개방된 사고
흔히 테크노크라트들에 대한 비판의 이유가 되는 로보트 같고 독창성 없는 냉정함에 대항해서, 비전을 지닌 새로운 엘리트는 감동에 개방적이고 국민의 '마음상태'를 이해하며, 삶의 일부를 구성하는 비합리적인 부분에 직면해서 차분할 수 있는 인간적인 차원을 내세워야 할 것이다. 피해야

할 함정은 다음과 같이 이중적이다.

—— 첫번째는 물론 충동·감정, 그리고 환상에 의해서만 작동되는 감정적인 우민정치의 함정이다.

—— 또 다른 하나는 '복지정책'을 편다는 명목으로, 지도자들이 마지못해 광대와 산타클로스의 역할을 하는 보호를 가장한 간섭의 함정이다.

경영자들이건 장관들이건, 상급간부들이건 고위공무원들이건, 그들이 시인·예술가 또는 고해신부 등의 역할을 의무적으로 맡아야 할 필요는 없지만 미래를 지향하고 국민이 염원하는 특정한 주파수와 직접 교감하는 '미친 자들,' 진정으로 비전을 지닌 자들, 헤드헌터들, 그리고 예민한 직감을 가진 자들을 불러들임으로써 자신들의 참모 진용들을 다양화시키는 것이 모두에게 유리할 터이다.

현재의 사회정치적, 그리고 사회경제적 지도계급이 그 권력을 행사하는 데 필요 불가결한 신뢰를 다시 얻으면서 업무를 담당할 수 있으려면, 바로 이러한 비용을 지불해야 하는 것이다.

기업경영에 있어 사회문화적
조류의 파급효과

조직의 지도급 엘리트들에게 있어서의 방향전환.

한 기업에 있어 '비전을 지닌' 카리스마적인 경영자를 가지고 있는 것만으로는 충분치 않다. 왜냐하면 만약 그것이 위기와 변동의 시기에 신뢰를 북돋우기 위한 필요한 요소라고 할지라도 충분조건이 되지는 못하기 때문이다.

엘리트들에 대한 신뢰의 위기는 또한 간부집단 전체, 그 선발과정, 그리고 모든 종류의 조직화에도 타격을 가하고 있다.

그리고 더욱 광범위하게 엘리트들에 대한 반발은, 그들이 25년 전부터 구축해 놓은 모든 경영 시스템에서 발생하고 있는 것이다.

본서의 앞부분에서 드러난 엘리트에 대한 회의는, 또한 우리 기업들의 결정권자들과 지도자들에게도 타격을 미치고 있다.

그리고 사회적인 추세의 에너지를 조직화를 통해 관리하고 싶을 경우, 엘리트에 대한 회의는 이러한 엘리트들이 점점 더 수행해야 할 역할들에도 특히 타격을 가하고 있다.

단절과 사회 변동의 주기들만이 이렇듯 불가피한 방향전환의 유일한 이유들인 것은 아니다. 마찬가지로 지도층 엘리트의 도덕적 정당성에 대한(정당화되든 그렇지 않든) 공공의 심문은, 기업들의 관행적 윤리의식들뿐만 아니라 이 동일한 기업들이 바라는 최종 목표들에 대한 해명까지 요구한다. 외부세계에 대해서 뿐만이 아니라 기업 내부의 직원들에 대해서도 목표들에 대한 투명성을 요구하는 것이다.

이렇듯 동일한 국민들(소비자들, 주주들, 직원들)에게 있어 지도층 엘리트의 신뢰도를 가장 약화시키는 것은 반드시 경영실적만은 아니며, 오히려 비전의 부재와 진정한 희망, '위기의 터널 끝에 보이는 한 줄기 빛'을 대표할 수 있을 것 같은 미래에 대한 계획의 결핍이다.

지도층 엘리트들이 지니고 있는 문제는, 기업경영주로서 그들의 권력이 반발에 부딪히고 있다는 것이라기보다는, 오히려 조직의 미래 및 관련된 자들의 미래에 대한 대화로부터 출발해서 형성된 합의를 중심으로 그들의 인력과 '파트너들'을 결집시키는 능력이다.

결국 회의의 대상으로 여겨지는 것은 지도자들의 실용주의(과거에는 이것이 그렇게 흔히 비판의 대상이었다고 할지라도)라기보다는, 오히려 단지 과거만이 부정할 수 없는 사실들을 제공할 수 있고, 과거를 기반으로 해서 미래의 기업 비전을 구축해야 한다고 생각하려는 실용주의적 경영인 것이다.

기업과 그 파트너들 전체에게 있어 도덕적 정당성, 조직의 합목적성, 미래에 대한 이상적이며 일관성 있는 비전, 이러한 요소들이야말로 직원들을 다시 규합하고 동기를 재부여할 수 있을 것 같은 몇 가지 기준들이다.

옛날에는: 가부장적인 의사결정 엘리트

우리는 많은 개인기업들과 어떠한 면에서 비전을 지니고 있었던, 전략을 갖춘――왜냐하면 기업경영이라는 것은 개인적인 야심과 운명에 관한 일이기 때문이다―― '신으로부터 물려받은 것과 같은' 그들의 세습적인 경영체제를 보아왔다.

경영지도층과 그 간부들은 명백하며, 과오를 범하지 않는 권위를 지닌 진정한 엘리트를 대표하고 있었다.

이러한 엘리트 부류에 도달하는 것은 신입회원에 대한 기존 회원의 가입 승인과, 경영주 겸 가부장에 의한 서임식에 의해서만 가능했었다.

기업의 문화는 종교처럼 사회조직에 필요한 혈액을 공급하는 지도자에 대한 숭배였다.

케케묵었지만 아직도 엄연히 살아 숨쉬는 우리 나라의 이러한 기업 모델에서 경영자는 최고의 우상임과 동시에 엘리트주의는 의사결정의 역할, 촉매제의 역할, 그리고 비전을 제시하는 역할을 수행한다.

그리 멀지않은 과거에는:
테크노크라트와 촉매제의 역할을 하는 이중 엘리트

　기업을 기계적으로 파악하는 시각은 기계처럼 구성된 기업의 봉사자로서 엔지니어를 우대하는 경영·질, 그리고 생산성의 강요를 촉진시켰다.

　경영자는 기술경영적인 모델에 따라 점진적으로 슈퍼엔지니어가 되어갔다.

　기업 문화는 이러한 수치분석적인 현실 앞에서 퇴색되어 갔다.

　그러나 이러한 기술관리집단에 대응해서, 70년대와 80년대에는 질적으로 봉급자들에게 동기를 부여해야 할 필요성에 대한 인식이 다음과 같이 발전되는 것을 볼 수 있었다.

* 인력 담당부서는 인간관계와 인력자원 담당부서가 되어 버렸다.
* 기업의 청사진이 도입되어, 이미 죽어 버린 문화를 부분적으로 대체하였다.
* 매체화된 내부 커뮤니케이션이 테크노크라트 간부들의 인간적 결핍들을 보완하기 위해 도입되었다.

　그래서 기업은 두 개의 얼굴면이, 다음과 같은 두 가지 엘리트들 사이에 진정한 일관성이 없이 상호 보충적으로 되어 있는 야누스가 되어 버렸다.

* 테크노크라트의 지배적 의사결정 엘리트.
* 또한 인간관계에 있어 촉매제, 커뮤니케이션, 그리고 기업의 청사진에 있어 브랜드 이미지 역할을 수행하는 소수의 간부들.

종전에는: 경제적 위기는 조직편성과 관련된 사회학적 위기로 변했다

70년대말 자본주의에 반대했던 커다란 저항은 정체기를 맞이하게 되어, 80년대 들어서는 기업과 카리스마적인 경영자에게 자유를 부여하게 된다.

그리고 이데올로기가 후퇴하면 할수록 기업 논리를 지닌 경쟁적 실용주의는 점점 더 합목적성을 위한 구실로 이용되었다.

또한 정치가들에 대한 믿음이 이미 약화되면 될수록 진보의 열쇠를 가지고 있는 백색기사인 구세주로서의 기업가 이미지는 점점 더 확대되었다.

80년대 중반의 어떤 순간에는, 심지어 기업경영자들이 거의 지배 엘리트의 새로운 모델이 되기도 했었다.

그 이후로 신뢰는 상실되었다.

서구 산업국가들의 불황은 부분적으로는 위기, 그리고 부분적으로는 예방적 성격의 경쟁력 있는 생산성에 의해 정당화된 나름대로의 해고 계획·'인력 감축' 현상을 매년 가져왔다.

어떤 기업들은 공장을 폐쇄함과 동시에 이익 증가를 발표하기도 한다. 그리고 정리해고 계획을 발표한 기업들의 주가가 주식시장에서 상승하는 것을 동시에 보는 것도 드문 일이 아니다.

기업들에 대한 대가는 축소된 개입, 지분의 감소, 축소된 위험 부담과(가장 경쟁력이 있는 직원들 입장에서는) 기업에 대한 충성도의 약화를 유발시키는 지도자들에 대해 직원들이 지니고 있던 신뢰의 악화로 나타난다. 너무 많은 실망들, 너무 많은 지켜지지 않은 약속들, 너무 많은 실패한 기업의 청사진들도 역시 경기침체의 산물들이다.

사기업과 공기업에 있어 거대한 환멸은 위계서열의 하층부에서 뿐만 아니라 간부집단에서도 확산된다.

이러한 변혁들을 '극복한' 기업에서는 직원들의 관심 사항이 기업의 목표들과 지도부에 의해 할당된 작업의 완수 쪽과 점점 더 멀어지며, 심지어 '회사'의 집단적 이익에 반하면서까지 훨씬 더 자신의 영역에 대한 격렬한 수세적 입장으로 향한다. 자신의 상처를 붕대로 감기 위해 몸을 구부리지 않을 때, 연합세력들·혹은 방위동맹을 만들기 위해, 아니면 그저 단순하게 다른 곳에서 일거리를 찾기 위해 사람들은 권력의 정치게임에 몰두하는 것이다.

오늘날에는: 인력자원의 현대적 경영 모델이 흔들리고 있다

● 훈련을 통해 기능을 습득하고 동기를 부여받은 인력이 기업에 충실하게 되면 어떠한 결과가 발생하는가?
가장 이상적인 경우 봉급자들은 새로운 활동에 적응하는 것에 대한 두려움 때문에 같은 기업에 계속 남으려 하고, 해고의 두려움으로 인해 순종하게 된다.
가장 훌륭하고 과감하며 열정적인 직원들은, 간혹 혼자가 되더라도 다른 곳에서 자신들의 기회를 살리려고 할 것이다.

  메우는 데 수십 년이 걸렸던 깊은 격차가, 다시금 기업의 지도층 엘리트와 직원들 사이에 형성되고 있다.

  그리고 점점 더 많은 직공장들뿐만이 아니라 간부들은 두려움 때문에 지도를 하는 신통치 않은 역할을 수행해야 함과 동시에, 자신들의 입장이 하부조직에 속해 있고 불안정스러운 지위에 처해 있다는 것을 느끼게 됨에 따라 이중으로 의욕을 상실하게 된다.

  그렇다면 동기에 의해서 생산성의 향상을 이끌어 낸다는 야심에는 무엇이 남는다는 말인가?

  ● 브랜드 겸 문화를 지닌 서비스 자체와 동일시되는 기업을 중심으로 형성되는 단골고객화를 통해서 남는 것은 무엇인가?
  단골고객화는 우선 서비스와 영업인력의 이동성과 사기저하에 의해 위협을 받는다.
  그러나 특히 그것은 다음과 같은 지도자 이미지의 쇠퇴로 그 가치가 하락된다.

  * 때때로 '사건들'에 연루되었을 경우.
  * 뿐만 아니라 감량경영과 정리해고의 경우.
  * 더욱더 단순하게는 기업이 더 이상 채용하지 않기 때문에.

  경영자 엘리트는 몇 년 동안 고객을 끌어들이는 적극적인 요

인이었다. 그들은 더 이상 그러한 역할을 수행하지 못하고 있는
것이다.

　● 목표들과 정체성에 대한 합의에 의해 에너지를 수렴시키는
작업을 지원하도록 되어 있던 기업의 문화, 아니면 더욱더 단순
하고 겸손한 차원으로 볼 때 기업의 청사진으로부터 남아 있는
것은 무엇인가?

　몇 년 전부터 사람들은 경영과 리더십을 혼동하고 있다. 결과
적으로 경영자 엘리트는 그 의미와 기능의 절반을 상실하게 된
다. 왜냐하면 경영 기능은 잘 이루어지고 있으나, 테크노크라트
들에 의해 잊혀진 인간적인 리더십의 기능을 잠식해 버렸기 때
문이다.

　그런데 리더는 조직편성에 필요 불가결한 통합자의 역할을
수행하는데, 왜냐하면 그는 모든 자들에게 다음과 같은 사항들
을 알려 주기 때문이다.

* 나아가야 할 방향과 지향해야 할 비전.
* 지성·감성, 그리고 행동의 전체로 구성된 팀워크.
* 지속적인 자극을 통한 이 팀의 동기유발.
* 본받아야 할 개인적인 예.
* 그리고 이러한 사항들이 받아들여짐으로써 어떠한 면에서
　자신의 팀에 의해 '선출'된 것이라고 볼 수 있는데, 리더는
　조직전략을 구현하는 살아 움직이며 인간적인 화신이 된다.

　사물의 흐름을 변화시키는 것은 리더십의 개념에 있어 핵심

적이다. 그리고 만약 성공이 점점 더 리더들에 대한 신뢰 없이
기업과 그 전문 능력 또는 노하우의 유연성에 의존한다고 하면,
그 유연성은 억압받을 것이고 전문 능력은 신뢰의 결핍에 의해
약화될 것이다.

그런데 기업의 경영 엘리트는 감정적인 신뢰를 형성시키지
않는다.

기업은 점점 더 비전을 지닌 리더십의 고아처럼 되어 버리는
것이다.

이제부터는: 촉매제로서의 리더십을 찾아서

기업 엘리트는 아주 흔히 의사결정자의 자리에 있는 경영자
에 불과하다.

중기적인 차원에서의 비전의 부재는 그 직원들 사이에서 회
의론을 불러일으켰으며, 전반적인 경영지침에 대한 신뢰도를 약
화시켰다.

상사들에 의해 취해진 선택들에 대한 의구심들이 형성된다.
미래에 대한 비전의 부재, 기업가치와 그 문화에 대한 지지도가
점점 줄어드는 현상은 감소하는 충성도와 증가하는 개별 봉급
의 인상 요구로 나타난다.

이러한 상황에 직면해서 다음과 같은 네 가지 적응 유형들을
살펴볼 수 있다.

* **기능적 구조들은** 정규성, 실적의 확실성, 엄격함, 그리고 일상적인 것에 비중을 둔다. 보상 시스템은 신뢰할 수 있고, 기대할 수 있는 종업원들에게 혜택이 돌아가도록 한다. 신뢰도가 직원들의 자율성이나 적응력보다 우선한다.

* 고객과 시장에 밀착되어 있는 **과정적 구조들은** 환경에 대처하는 개인의 성과들, 신속성, 그리고 융통성을 중요시한다. 신속하고 말끔하게 작업하는 것과, 이러한 성과로 인해 다른 직원들과 경쟁하에서 보상을 받는 것이 직원들에게 기대되는 사항이다.

* **네트워크 구조들은,** 상이한 팀들간의 협력관계와 계획들에 의해 자신들의 고유한 활동을 발전시키면서도 특정한 시기에는 함께 작업한다. 여기에서는 교환의 조건이 각자가 계획에 기여할 수 있는 부분에 의해 결정된다. 이러한 '파트너'적인 접근방식은 거래 비용을 감소시키고 긴장된 흐름을 자극할 뿐만 아니라, 서로 다른 팀들에 의해 진행될 작업들 전체에 대한 명확한 비전도 요구한다. 그리고 이러한 비전 속에서 각 파트너들의 신뢰도 요구한다.

* **'가상적' 구조들은** 교체 가능한 모듈들로 구성되는데 이 모듈들은 특별한 방식으로 편성되며, 그 전문 능력들로 인하여 정보망에 의해 한 가지 목표를 중심으로 해서 일시적으로 모여진 구조이다. 상이한 작업들을 수행하는 직원들간의 계약은 월급과 사례금 이외에도 경험과 능력, 그리고 경우에 따라서는 직업적 연관성 등에 의해 이루어진다.

이러한 적응 모델들 가운데 첫번째 것은 '중진인사'의 프로 필을 지닌 '의사결정' 리더들을 우대하는 반면, 나머지 세 가지 구조 모델들은 지도부와 '촉매 역할'을 하는 간부진의 배치를 필요로 한다.

미래에는: 비전을 지닌 지도부와 연결시켜 주는 통합적인 리더십을 향하여

의사결정 리더십의 중요한 약점 가운데 하나는, 모든 것이 예상된 상황에서 모든 것에 대해 해결책을 가지고 있어야만 하고 그럴 수 있다는 믿음이다.

반대로 통합적 리더십은, 예상하지 못했던 상황에도 대처할 수 있는 견고한 적응을 가능케 하는 설득력으로 정의된다.

그리고 직원들의 자율성과 이니셔티브를 장려하기 위해 조직에서 앞으로 필요한 것은 바로 이러한 '비지위적인' 경영이다.

오늘날 이상적인 경영인의 전형은 경직된 구조들이 사라지는 와중에서 직원들의 노력을 작업으로 집중시키는 자, 예를 들어 기업이 하려고 하는 것이 무엇인지 직원들 앞에서 분명하게 표현하고 설명할 수 있는 자, 그리고 종업원들이 해야 할 일들을 할 수 있도록 작업환경을 개선시키는 자일 것이다. 또한 서로 다른 언어와 문화를 지닌 어울리지 않는 팀들 전체를 함께 일하게 할 수 있고, 다가올 변화를 준비할 수 있게 하는 자일 것이다.

인텔사는 필요에 따른 인력자원들의 동원을 장려하는 비지위적인 (비서열적인) 간부진의 배치를 실행한 흥미로운 예를 보여 준다.

이러한 통합을 위해서는 기업에 대한 지도 비전을 지녀야 하며, 직원들과 고객들 그리고 외부 시장들의 관심 사항들 및 동기들을 계획에 잘 통합시키기 위해 그것들과 조화를 이룰 수 있어야 한다. 여기서 강조되는 것은 현실에 대한 최소한의 저항 원칙에 따른 서로 다른 파트너들간의 균형 모색, 유연성, 절제와 활력, 넘치는 다양성, 그리고 감정이라는 유기적인 원칙에 따른 적응력이다.

새로운 엘리트에 의해 실행되는 미래의 경영은, 감독의 경영이 아니라 **역동적인 상호 연결의 경영**이 될 것이다. 중요한 것은, 결속을 가져올 공동의 목표를 향해 어울리지 않고 간혹 개인주의적이기도 한 상이한 부분들을 수렴되도록 하는 것일 터인데, 왜냐하면 바로 모든 기업은 이러한 열망들을 가지고 있기 때문이다.

그러나 이러한 통합적인 간부들은 비전 있는 경영자에 의해 제시되는 계획, 또는 기껏해야 기업 문화의 중개자밖에 될 수가 없다.

기업의 지도자들은 유연하고 유동적이며 다차원적이고 항상 변화의 상태에 있는, 따라서 불안정한 이러한 구조를 운영하기 위해서 그들이 이끄는 직원들의 신뢰를 회복하도록 해야 할 것이다. 미래에는 엘리트 권력의 축이 직원들의 신뢰가 될 것이다. 그리고 이러한 신뢰는 직원들의 수용, 새로운 결속, 그리고 동의를 의미하게 될 것이다. 만약 조직의 중앙부와 주변부 사이에, 그리고 모든 파트너들 사이의 관계에 있어 상호성이 존재하게 되면 신뢰는 생겨날 것이다.

그러한 구조 속에서 직원들의 결집은, 모든 이들에게 정체성과 목표의 지표들을 제공하기 위해서 강력한 중심을 요구한다.

만약 엘리트가(과거에 비해서 변화가 있을 것이라는 바를 강하게 나타내기 위하여), 기업의 미래에 대한 혁신적인 비전을 정의할 수 있게 되면 거기에는 합의가 따를 것이다.

이러한 비전은 직원들의 열망과 조직의 미래 상황을 규합해야 하며, 실패를 피하고 필요한 인간적인 균형을 보장하기 위해서 리더들과 다른 직원들 사이의 관계들을 조정하는 새로운 행태들을 정의해야만 한다.

핵심어는 감독이라는 말 대신에 **영향력이 될 것이다.** 원칙의 배제 대신에 **다양성의 포용**이 있을 것이다.

보상 대신에 집단적인 유토피아와, 비전을 지닌 경영자를 중심으로 조직 내부의 활력으로서 일체화가 등장할 것이다.

3

상업에 있어 사회문화적 조류의 파급효과

엘리트주의, 사치, 고가품, 격조

상품과 브랜드의 엘리트는 물론 사치품 분야이며, 아니면 보다 넓게는 고가품이다.

진행중인 문화적 변동에 따라서 사치품의 모든 개념은 변해가고 있는 중이며, 그에 따라 그것과 소비자들 자신의 이미지를 수반하는 엘리트적인 모든 우상들도 변화하고 있는 중이다.

과거에는: 엘리트들에 대한 사치의 동일시

엘리트들이 보다 적은 숫자이고 보다 안정적이며 만장일치로 존경을 받았던 시절에는 고가상품과 브랜드들의 소유가 특정계층에 한정되어 있었는데, 이것은 법이 성직자와 귀족 및 몇몇 동업조합의 고위층에 한해서 권력과 부, 그리고 취향의 외면적 표식을 부여한 먼 시대의 유물이다.

이 시대에 있어 사치의 기능은, 단지 쾌락주의적이며 세련된 감각적인 즐거움이거나 기능적이지 않은 지출을 통한 지위와 부의 재확인도 아니었다.

사치는 탁월함을 후원하고 취향을 보존하며, 모든 분야에 있어 탁월한 것의 섬세함을 느끼는 기능을 통해 사치 자신이 견고하게 만든 엘리트의 양육자였다.

그 대신 엘리트는 사치스러움을 나타내는 브랜드의 보증인이었으며, 그 완벽함을 반영하는 자들이었고, 그 효용성의 홍보자였으며, 그 지위의 인증자였다.

종전에는: 사치의 대중화는 엘리트들의 규제철폐를 수반했다

대형 브랜드들은 대량판매를 하고자 하지만, 대형 매장들에 진열되는 것은 거부하는 애매모호한 방식을 통해 대중 마케팅으로 옮아갔다.

이러한 마케팅 전략에서 우리는 80년대 새로운 엘리트들의 모든 역설을 재발견하게 된다. 즉 대중화하지 않으면서 어떻게 판매량을 증대시킬 수 있을 것인가?

80년대의 히스테리적인 소비와 과시적인 부에 대한 허기증(도가 지나친 괴상야릇함, 또는 우쭐대는 미니멀리즘 속에서)은, 사회적 지위의 상승이라는 목표들을 추구하며 사치를 위기의 부정이라는 맹목적인 태도와 연계시켰다.

가격이 비싸다는 것이 고가품의 마지막 표시로 남았으나, 그것도 디스카운트와 면세 혜택으로 그 의미가 혼란스러워졌다. 엘리트는 더 이상 포틀래치*와 같은 격조 있고 상징적인 낭비를

---

* 북아메리카의 인디언이 부와 지위를 과시하기 위해 경쟁적으로 진수성찬을 베풀고 선물하는 일.

하지 않으며, 그들 또한 꼼꼼한 계산을 하게 된다.

　사치의 보편화는 문제를 혼란스럽게 만들었다. 다시 말해서 선택된 엘리트주의자에게 남은 것은 무엇인가? 그래서 쇠퇴하는 그 명성을 유지시키기 위해 사람들은 새로운 엘리트 우상들을 부각시켰다.
　그리고 반대로 새로운 엘리트들(예를 들어 스포츠 스타들)은, 인기 있는 사치품이 되어 버린 고가상품을 발전시키기 위해 대중적인 브랜드들이 도약하는 데 기여를 했다.

　엘리트의 경우처럼 사치에 대해서도 더 이상 단수로 이야기하지 못할 정도로, 사치의 다양화는 엘리트들의 폭증을 동반했다.

　사치와 관련된 브랜드와 품목들이 증대함에 따라 생겨난 홍보경쟁은, 그 품질의 실질부가가치를 고려하지 않고 디자인·브랜드 명칭·볼거리로서의 광고를 우선시하게 만들었다. 즉 사치는 고가품으로서의 품격을 상당히 많이 상실한 것이다.
　그리고 그와 더불어 엘리트 소비자들의 이미지는 전문가(아는 사람)와 진정한 애호가로서의 차원을 잃고, 명성의 통속적인 이미지를 구입하는 구매자의 이미지로 전락하였다.

　사치를 담당하는 대규모 마케팅 그룹들의 급증하는 다양화 현상은, 뿌리의 부재와 덧없는 '유망한 젊은 창작인들'의 불안정성과 더불어 브랜드들과 상표들을 증가시켰다.
　이런 불안정한 정체성에는 대표적 품목들이 될 수 있고, 하나의 문화 혹은 신화를 창조할 수 있는 시간이 없다. 그것들을 소

비하는 자들은 그들의 엘리트주의를 이야깃거리 없이 빈곤하게
만들고, 그저 빈 껍데기만을 간직할 뿐인 것이다.

우상적인 엘리트들과 사치 브랜드들은 매체라는 무대에서 펼
쳐지는 게임의 후원자들이 되어 버렸다.

그들은 점진적으로 소수의 행복한 자들이라는 현실을 비롯한
사회적인 현실에서 탈출하여, 사회적인 게임의 바깥에 위치하는
가상현실이라는 대칭세계에서 존재한다.

따라서 그들의 기능은 이제 상상적일 뿐이다. 꿈의 일부, 위기
에 대한 상징적인 보답, 환상적인 아름다운 좁은 공간을 사회에
제공하지만, 어떠한 경우에도 생활 스타일과 더욱이 엘리트의
탄생신화는 제공되지 않는다.

오늘날에는: 새로운 사회문화적 의미를 추구하는 사치

엘리트들의 경우에서처럼 사치에 있어 이중의 위험은 의미를
상실한다는 것이다.

* 사회적 소외감 조장과 도덕주의의 재등장을 우려하고 있는
  시대에는, 거만스럽게 부유한 지위를 뽐내기나 하는 비기능
  적인 낭비라는 그들이 지니고 있는 옛 의미가 사회적으로
  부정직하며 말로 표현할 수 없게 되었다.
* 그리고 또한 최근의 발전들에 의해 이런저런 엘리트들로
  하여금 사회를 위한 기능적 탁월함을 정당화시키는, 그들의
  상징적이고 역사적인 의미들을 상실케 했기 때문이다.

현실과 격리됨으로써 사치는 표현의 자유에 있어 이득을 얻
는다. 사회적인 규율의 밖에 머무르는 한 그들은 보다 청교도적

인 사회에서 쾌락주의자로 남을 수 있으며, 환상과 과도함·괴상야릇함 등과 같은 면들을 연출할 수 있다.

그러나 이러한 현실감의 상실로 인해 언젠가는 다음과 같이 커다란 대가를 치를 위험도 있는 것이다.

* 사람들은 광택지에 등장하는 공주들이나 NBA의 스타들에 대해 최소한의 비용으로 환상을 즐긴다.
* 이제 곧 사람들은 사치를 돈주고 사기보다는 매체들을 이용해 무료로 그것에 대한 환상을 갖게 될 위험이 있지 않을까?

어떤 엘리트들이 시기상조적으로 밀랍인형화되어 매체의 박물관에 보존되어 있는 것처럼, 현재의 사치 '스타들'도 다음과 같은 양면성을 지니고 있다.

* 일면을 장식하는 톱모델들은 명성을 드러내는 훌륭한 매체이다.
* 한편 그들은 그들이 촉진하도록 되어 있는 사치에 대한 현실감의 상실이라는 역효과를 촉발시킨다.

사람들은 항상 그 엘리트들의 삶을 조작할 수 있으며, 그들은 종이인생·밀랍인생 그리고 이미지상의 인생으로 머무르는 것이다. 엘리트 우상들은 현실과의 상호 작용을 상실한 채 점점 덜 '본받을 만한 자들'이 되어간다.

예전에는 사교무대라는 것이 하나의 계층, 다시 말해 사치와 관련한 모델들과 규칙들을 전파하는 진정한 사교계였다.

오늘날 매체들의 지대한 영향력으로 인한 현실감의 상실은,

기계적인 모방의 파블로프식 조건반사를 충동질하려 함으로써 모든 교육방법들을 무력화시켰다. 그런데 사치는 그 정당성을 유지하기 위해서 지적으로 그렇지 않으면 정신적으로라도 양육되어야 할 필요가 있다.

사치의 운명은 엘리트들의 그것과 연결되어 있다. 엘리트들이 저항에 부딪힐 때, 그들의 신뢰도 상실은 결과적으로 사치에 대한 기준들의 상실을 낳게 된다.

* 어떠한 상표들은 의미의 부재로 인해 너무 일시적이 되기도 한다.
* 시대에 뒤떨어진 엘리트들에 너무 밀착되어 있는 다른 상표들은 역사박물관의 진열대에나 어울린다.

반면에 사치의 이러한 변동 고비를 극복하게 될 브랜드들, 도덕적인 질문에 대해 해답을 가져다 줄 수 있는 브랜드들은 하나의 신화를 중심으로 새로운 엘리트들을 만들어 내는 기반들이 될 수 있을 것이다.

미래에는: 비전을 지닌 사치를 찾아서

새로운 엘리트의 도래를 위한 시기가 무르익은 것과 마찬가지로, 사치도 그 비물질적인 요소에 구애됨 없이 자신의 교환가치와 사용가치에 대하여 재고해 보아야 한다.

엘리트적인 브랜드들은 오랫동안 부러움과 존경심을 동시에 유발시켰던 사회적 모델들의 지배자들이었는데, 보편화는 그들로 하여금 조상도 없고 자손도 없는 판에 박은 소비를 선호하도록 함으로써, 완벽함에 대한 그들의 신화를 점진적으로 상실할 정도까지 만들었다.

　그런데 비전을 지닌 브랜드는 유행을 따라가지도 않고, 그렇다고 유행에 뒤처지는 것도 아니며, 미래를 향한 만큼이나 과거로도 향한 역사의 줄기인 것이다.
　비전을 지닌 브랜드는 미래의 뿌리들을 품고 있는 것인데, '항상 더' 성능이 좋거나 풍부하거나 효율적인 상품들의 세대들을 내놓는다는 면에서 그런 것이 아니라, 미래에 대한 진정한 청사진을 전파하는 새로운 사회적 원형들과 소비자들의 기대에 부응하는 새로운 모델들의 창출에 있어서 그런 것이다.

　비전을 지닌 브랜드는 사회적 역동성과 '새로운 세계'의 도래에 참여하는 브랜드이다. 그 세계가 먼 곳에 있고, 유토피아적으로 보이면 보일수록 비전을 지닌 브랜드는 그것을 구체화시키고 실현시켜야만 한다.

　비전을 지닌 브랜드는 소비자들에게 있어서는 새로운 대륙과 새로운 문명의 탐험자 역할을 할 것이며, 그 브랜드가 창조해 낼 매력적인 세상의 안내 지도를 제작해 주는 역할을 할 것이다. 그 브랜드가 만들어 내는 상품들은, 그림 전체에 의미를 재부여하는 퍼즐의 부족한 한 부분처럼 사람들의 일상생활에 침투하게 될 새로운 부가가치들을 실어나르게 된다.

　생산자는 특정한 산업, 특정한 가문과 특정한 전통에 속해 있어야 하며, 소개된 각 오브제에서 식별될 수 있는 특성의 소유자라는 것을 보여 주어야 할 것이다.

그는 명가(名家)의 철학에 있어서 그의 '회사 청사진,' 그의 비전, 그의 이상향, 그리고 반복의 틀에 박힌 상황에 대처하는 '기부금에 의한 재단' 또는 '제2의 탄생'과 같은 그의 대안을 밝혀야 한다. 비전을 지닌 브랜드는 또 '다른 생활'과 새로운 미래를 위한 통행증이 될 것이며, 이것은 기대되고 희망되어 온 미래가 아니라 토대가 되는 미래인 것이다.

요약해서 말하면, 비전을 지닌 사치는 다음과 같은 방향으로 나아가야 할 것이다.

* 눈길을 끄는 일회성 연출에서 일관성을 향하여.
* 능률을 중시하는 경영 위주의 프로의식에서 자기 분야의 노하우와 윤리의식을 보여 주는 방향으로.
* 그 '산업적인' 성격에서 손맛이 남아 있는 방향으로.
* '현대적인' 기업과 상표의 개념에서 명가(名家), 전수, 수 세 대에 걸친 전통의 개념으로.
* 재탕이라는 복고주의에서 벗어나 미래 사치생활의 스타일을 창조하는 방향으로.
* 양적인 소유, 재산의 사회적 과시에서 탈피하여 내면적인 것, 자기 정체성의 안도감과 일상에서의 존재를 표현하는 방향으로.
* 남녀 양성적인 정신세계에서 한 가지 성만을 지닌 육체의 세계로.

4

커뮤니케이션에 있어
사회문화적 조류의 파급효과

정치 분야와 경제 분야 엘리트들의 커뮤니케이션은, 현재의 회의적인 상황에서 결정적인 중요성을 가지고 있다. 만약 커뮤니케이션이 독자적으로 사회학적 추세를 반전시키지 못한다고 해도, 그것은 완전히 그러한 추세를 완화시키고 최소한 개인적인 차원에서 부정적으로 인식되는 이런저런 일반적인 관점들을 수정할 수 있다.

진행중인 사회문화적 변동에 따라 커뮤니케이션은 이미지 형성만을 위한 도구는 더 이상 아닐 것이며, 무엇보다도 비전을 지닌 새로운 엘리트를 구성하는 가치가 될 것이다.

세계대전 이전 : 공표된 권위

지구상에 있는 대부분의 사회들은 권위적인 제도에 기반을 두고 작동한다. 엘리트는 이러한 (경제적·정치적인) 권위를 전적으로 행사한다. 공동체를 위해서 지식을 가지고 있고, 결정을 내리는 것은 바로 그들이다. 그들은 커뮤니케이션 수단들의 거의 대부분을 통제한다. 사회학적 권력 또는 언론의 권력과 맞서서 권력을 행사할 수 있는 위치에 있는 이들은 정보의 불투명성을 즐기며, 자신들의 영향력을 행사하는 데 도움이 되는 정보만을 유포시킨다.

세계대전 이후 : 정복하는 권위

이 시기는 경제 성장, 물질적 그리고 사회적 진보가 이루어지는 '영광의 30년' 시기이며, 두 가지의 커다란 이데올로기들이 서로 투쟁하며 사상과 여론을 구축하는 시기이다.

엘리트들은 여론에서 결속 분위기 또는 반발 분위기를 자발적으로 형성시켜 내는, 사회에 대한 야심 혹은 비전을 품고 있는 자들이다. 각 집단들은 그 청사진을 제안하며, 그들의 매체들을 통해 그 청사진을 알리며, 자신들이 가지고 있는 사회에 대한 비전으로 여론을 끌어들인다.

68년 5월 이후:
반박되는 권위, 태동되는 커뮤니케이션의 필요성

언어의 자유라는 것이 개인의 자유보장의 핵심 요소가 된 사회학적 변동을 촉진시키면서, 68년 5월 혁명은 사회가 지니게 될 시선과 자신의 엘리트와 맺게 될 관계를 심오히 수정하게 된다.

커뮤니케이션의 수단들은 기술적 진보와 매체들의 자유화 덕택에 보편화되고 있는데, 특히 프랑스에서는 1981년 '자유 라디오'* 정책이 실시되었다. 지식과 연구는 더 이상 엘리트의 특권이 아니다. 많은 수의 메시지 송출자들이 사회에 넘쳐흐르며, 이것은 시각의 다양성을 촉진시키고 있다.

이러한 상황에서, 엘리트는 기업의 차원에서처럼 정치적인 차원에서도 편성화된 커뮤니케이션을 구상해야 할 필요성에 대해 차츰차츰 인식하게 된다. 그들은 다수의 메시지 송출자들이 흩어져 있는 청취자들을 규합하고, 점점 더 많은 영향력을 행사하려고 애쓰는 사회에 의해 생겨난 다양한 정보원들을 원하는 방향으로 유도하고 관리하는 것이 필요하게 되었음을 이해한다.

정치에서

엘리트는 권력의 행사라는 것이 새로운 도구들을 이용하고, 사회학적 변화에 적합한 커뮤니케이션을 구상하는, 상대적인 새로운 현대성의 상황에서 이루어져야 한다는 것을 점점 더 인식할 것이다.

이것은 현대적 커뮤니케이션에 대한 최초의 암중모색들이자 개념들이다. 이것은 또한 현대성을 위한 첫걸음들(권위와 공동체와의 관계를 새롭게 표현하기 위해 만들어 낸 지스카르 데스탱 전대통령과 그의 새롭고 거리낌 없는 스타일——터틀넥 스웨터, 아

---

* 1981년 미테랑이 대통령에 당선되면서 라디오 주파수 할당에 대한 규제를 풀어 일정한 조건만 갖추면 주파수를 내주게 되는데, 이에 따라 많은 라디오 방송들이 태어난다.

코디언 연주 등)임과 동시에 겉치레 행사들(도로청소부들을 엘리제궁 아침식사에 초대하는 것)이기도 하다.

당시는 현대적 커뮤니케이션의 개념을 습득하는 시기였다. 또한 내용과 스타일의 측면에서 이미지를 조성하고 관리하는 시기였다. (샤방 델마스의 새로운 사회, 프랑수아 미테랑의 조용한 힘, 그리고 또한 정장 차림의 변화와 공격적인 이미지를 완화시키기 위해 그의 송곳니를 다듬은 사실을 기억하는 사람이 과연 몇이나 될까?)

당시는 매체들을 전문적으로 이용하기 위한 접근을 시작하던 시기였으며, 영향력을 행사하기 위한 전략을 실천하고 정보의 독점에 대해 서로 다른 매체들의 경쟁을 확립하던 시대였다.

당시는 또한 절제된 효과를 유발하면서 출연에 보다 강한 효과와 중요성을 부여하기 위해 커뮤니케이션 플래닝, 매체상의 출연·비출연 시간관리에 대해 진지한 성찰이 시작되던 시기였다. 당시는 또한 여론의 기대를 파악하고 보다 적절한 전달 메시지들을 수립하며, 보다 설득력 있는 표현방식을 만들어 내기 위하여 여론조사라는 것을 고려하던 시기였다.

기업에서

프랑스에서는 앵글로색슨 국가들과는 반대로 기업들과 그 리더들이 아직 최소한의 커뮤니케이션 수준에 머무르고 있는데, 이것은 정보의 차원에서 수가 많지 않고 덜 까다로운 폐쇄적인 주주 구성에 의해 그들이 보호되던 1985년까지 변함이 없었다.

이와는 반대로 앵글로색슨 국가들에서는 주주들의 요구가 이미 기업들로 하여금 기업의 장이 바로 기업의 지휘자이며, 그의 리더십이 기업의 이미지와 주주들에 대한 그의 유인성에 각별히 중요한 정제된 협동조합식 커뮤니케이션을 실행하도록 강요하였다.

그것은 조직의 위계상 가장 높은 단계에 위치한 홍보실들의 설치로 나타나는데, 이 홍보실들은 그들의 기업과 관련된 긍정적인 메시지들을 편성하고, 매체들에 의해 생산된 부정적인 메시지들을 차단하고 수정하기 위해 모든 커뮤니케이션 기법들을 동원하는 경영자와 기업의 이미지를 지키는 진정한 파수꾼들이다.

프랑스에서는, 기업 커뮤니케이션의 개방시대가 민영화와 더불어 도래하게 된다. 이 시기는 매체들의 일면을 차지하는 기업과, 그 경영자들에 대한 전설 같은 이야기들이 형성되던 시기였다.

이때는 또한 사보와 안내지가 급격하게 증가하던(어떤 공기업에서는 350종류의 사보가 있기까지 했다!) 내부 커뮤케이션의 발달이 진행되었다. 각 부서는 기업 내의 진정한 일관성과 효용을 그다지 고려하지 않으면서 자신의 메시지를 전파할 권리가 있었는데, 목적은 오히려 영역을 정하고 그것을 차지하는 데 훨씬 더 크게 있었다.

분별력 없이 현대적 커뮤니케이션의 메커니즘과 그 효용성을 발견하던 이 시기는, 또한 나름대로의 예상치 않은 결과들을 가져오게 된다. 한시적인 진정한 전략도 없이 내용보다 스타일을 중요시하고, 정계와 경제계의 지도급 엘리트들에 의해 수행되는 역할들과 관련해 부가가치도 없이 '쇼비즈니스적'인 매체 이미지들만을 증진시키게 되는 커뮤니케이션이 여기에 포함된다.

어떤 정치인들은 심지어 자신의 확신을 커뮤니케이션으로 대체시켜서 엘리트들의 이미지를 악화시키는 데 일조하기도 한다.

오늘날: 반드시 알려라

위기의 시기에 정계이건 경제계이건 '정확하게 계산하기'가 엘리트들에 의해 주장되는 메시지들의 핵심을 이루고 있는 상황에서, '쇼비즈니스적인 매체' 커뮤니케이션은 공공여론이 이해할 수 있고 접근 가능하며, 그것을 대상으로 하고 그것과 관계될 수 있는 메시지가 아니라 교수가 직접 강의하는 것과 같은 추상적인 담화에 자리를 내주게 된다. 다시 말해서 테크노크라트적인 결정이 엘리트에게 강요되기 때문에 그 결정은 따라서 정당한 것이며, 자동적으로 모든 사람들에게 강요된다.

메시지들은 대중이 개인적이거나 집단적인 정당성을 이해하지 못하는 상태에서 그들의 삶과 격리되어 표출된다. 이해되지 못하고, 오히려 즉시 국민들에 의해 부정적인 의미——예를 들어 우리에게 더 적은 이익을 위해 더 많은 비용을 지불하라고 요구한다는 식——로 변형되는 이러한 메시지들은 즉시 정신적인 거부의 대상이 되어 버린다. 이 메시지들은 의혹과 불신을 만들어 내는 것이다.

위기가 닥침에 따라 사고방식들이 변하였는데, 엘리트들은 그 변화에 적응하지 못했다.

현재의 상황에 적용된 커뮤니케이션의 정착점들

정치 분야에서

우리는 **공표된** 권위의 작동에서 벗어나 **정당화된** 권위를 확립해야 한다. 권위를 정당성으로 만드는 것과, 모든 결정을 정당하다고 인식되도록 만드는 것이 바로 이러한 **정당화**인 것이다.

오늘날 **결정**이 있으면 **권위**가 있지만, 결정과 그 수용에 대한 **이해**가 있을 경우에만 이 결정이 **정당할** 것이다. 실제로 **취해야** 할 결정에는 다음과 같은 세 종류가 있다.

1. **내리기 쉬운 결정들.** 이것은 전체적인 여론이 원하는 결정들이기는 하지만 저항, 혹은 집단이기주의와 부딪힐 수 있다.

이러한 종류의 결정을 취한다는 것은, 저항의 무게를 약화시킬 목적뿐만이 아니라 또한 결정자들의 행동을 중시하고, 이 결정자들의 이미지를 확산시키는 것과 관련하여 이득을 얻기 위한 목적으로, 커뮤니케이션의 완전한 전개를 실시하는 것을 전제로 한다. (병역 개혁은 이러한 종류의 결정을 시행한 성공적인 예로 여겨질 수 있다.)

2. **내리기 어려운 결정들.** 이 결정들은 관련된 국민들이 애초에는 호의적이지 않았다고 해도, 결국에 가서는 받아들일 수밖

에 없는 것들이다. 따라서 목표는 국민의 승인을 획득할 요량으로 진행되는 **커뮤니케이션**의 전략을 **수립**하는 것일 터이다. 다음과 같은 3C 운동을 시행하는 것이 핵심적인 것은 바로 이러한 전형적인 예에서이다.

a) **이해**(compréhension): **경청하고 방향잡아 주기.**

그것은 여론에 대해 자신의 관심을 나타내는 능력이다. 수용의 한계들을 찾아내고, 이러한 수용을 가능하게 할 담화를 만들어 내도록 하는 돌파구들을 찾기 위해서 거부반응과 특히 그 심리학적인 근원을 규명하는 것이다.

b) **상호 대화적인 접촉**(접촉적이기; contact interactif): **준비하고 교환하며 제시하기.**

이것은 여론으로 하여금 자신의 뜻을 결정으로 만들게 하는 양방향으로의 교환과 흐름을 만들어 내는 능력이다.

여론의 대표자들과 직접적으로 이루어지든 매체의 중계를 통해 간접적으로 이루어지든, 그것은 대화에 의존하는 과정이다. 여론조사가 결정에 대한 수용 가능성을 가치화시키기 위해서 결정자들에 의해 거의 이용되지 않는 도구들인 이러한 부분을 우리는 흔히 대수롭게 여기지 않는다. 예를 들어 가족대책과 관련하여 73%의 프랑스인들이 생활보조비가 소득에 따라 지급되도록 하는 것에 찬성할 것이며, 82%는 가족생활보조비의 과세에 저항할 것이라는 사실을 확인하는 것도 흥미롭다. 이러한 것은 사실 현재의 상황과 비교해 보면 정확하게 동일한 것인데, 왜냐하면 이것은 바로 소득에 따라 생활보조비를 조절하는 것과 다를 바 없기 때문이다. 이것은 제안들과 관련된 **준비**와 소개과정을 부각시키면서, 여론에 결정을 **제시**할 줄 아는 방법에 의해서 여론을 상대로 결정의 정당성을 보여 줄 수 있다는 것을 증명한다.

그것은 시간을 요하고 준비를 거쳐야 하는 과정인데, 왜냐하면 하나의 결정이라는 것은 여론의 대부분이 그것을 받아들일 때만이 정당한 것으로 여겨지기 때문이다.

c) **확신**(conviction) : **인도하고 결정하기.**

그것은 야심 또는 정해진 방향으로 다양한 관점들과 에너지들을 유도하게끔 하는 긍정적인 권위를 느끼도록 만들고, 결정된 사항들이 진전되도록 하는 능력이다.

정치적 커뮤니케이션은 그것이 확신에 의거할 경우에만 효율적일 수 있는데, 왜냐하면 그 표현이 성실한 것으로 인식되는 것은 확신으로부터 출발하기 때문이다. 여기서도 모든 것은 리더가 자신의 확신을 제시하는 방법에 달려 있다.

만약 이러한 확신이 비전에 활력을 불러일으키는 가치들을 통해 제시되고, 이 가치들이 '사회학적으로 타당'하다면 이 확신은 강력하고 결집력과 설득력이 있을 것이며, 가장 어려운 결정들을 시행하는 데 도움을 줄 수 있을 것이다.

3. 취하기 불가능한 결정들

이 결정들은 다수 여론에 의해 거부된 것들인데, 만약 강요된다면 이러한 결정들을 철회시킬 목적으로 격렬한 반발 현상들이 발생할 수 있다. 만약 이 결정들이 필요한 것이고, 결국 취해진다면 다음과 같은 사항들을 알아야 한다.

* 한편으로는 대중의 생각 속에 있는 부정적인 결과들을 완화시킬 수 있고, 그 적법성을 정당화시킬 수 있는 것은 그들을 받치고 있는 확신의 힘인 것이다. 그러나 또한 감수해야 할 위험은 최악의 경우에 '계획과 그것을 제안한 사람에 대한 거부반응'으로 나타나며, 최선의 경우에는 가장 많이 관련된 여론의 일부분(퇴직자들을 위한 로카르의 C.S.G. 정책, 젊은층과 환경주의자들에게 있어 시라크 대통령의 핵실험정책, 공직사회 입장에서 본 쥐페의 공무원정책)에 있어 영원히 지속되는 부정적 효과로 남는다는 것을 알아야 할 것이다.

* 다른 한편으로 그러한 결정을 커뮤니케이션의 차원에서 실행하려고 준비하면 할수록 점점 더 부정적인 효과를 완화시킬 수 있게 될 것인데, 이로 말미암아 이러한 경우가 이전의 두 가지 전형적인 경우들보다 더 절실히 필요하게끔 된다.

앞으로는 정치에 있어 결정의 실행이 점점 더 많은 비용과 시간을 요할 것이다. 이러한 비용을 지불하고 난 후에야, 정치 엘리트들은 통치하는 자신들에 대한 신뢰의 거부를 표명하는 공공여론으로 하여금 결정들을 수용할 수 있도록 할 것이다.

기업들에 있어서

여론 또는 직원들에 의한 선출과 투표로부터 보호되어 있는 기업의 지도자들에게 있어서는, 결정의 실행이 반드시 정치세계의 그것과 유사한 커뮤니케이션 방식의 전개를 의미하지는 않는다. 그렇기는 하지만 일정한 원칙들에 의하여 추진되면 될수록, 지도자들의 야심과 발전 계획에 대해 직원들이 수용하고 애착을 가지며 결속력을 보여 주게끔 하는 데 더욱더 도움을 줄 수 있을 것이라고 생각할 수 있다.

기업의 수장들이 그들의 야심을 명백한 비전으로 나타내고, 개척자 정신을 다시 이끌어 내며, 새로운 계획들을 수립할 수 있게 되고, 집단적 그리고 개인적 차원에서 기업의 미래가 지니는 진정한 초점들을 그리는 장기적인 시나리오를 중심으로 그들의 조직을 결집시키는 방법을 알면 알수록, 그들은 그들의 정당성과 신뢰도를 더욱더 많이 회복할 수 있을 것이다.

선도자로서 그리고 미래를 밝히는 자로서의 그들의 지위를 되찾기 위해서, 그들이 전달해야 할 줄 알아야 하는 것은 바로 이러한 비전인 것이다.

반면에 앵글로색슨적인 주주들의 압력과 요구하에서 '라틴' 문화를 지닌 기업들은 최대의 투명성, 전문적인 감독 기능들, 표시된 윤리의식, 그리고 선명해진 기능과 활동들에 대한 규칙들로 특징지어지는 앵글로색슨적인 의사소통 방식들을 점점 더 채택하여야만 할 것이다.

기업의 엘리트가 직원들과 주주들이 그에게 부여할 태세가 되어 있는 신뢰를 다시 만들어 낼 수 있는 것은, 여기에서도 마찬가지로 바로 이러한 도덕적인 필수 요건, 상호 대화성과 투명성에 대한 기대에 부응함으로써이다.

미래: 의사소통을 할 줄 아는 비전을 지닌 리더

사고방식의 반전과 사회의 변화를 조화시키고 사회학적 리더십을 회복할 수 있게끔 하는 행동을 개발시킬 수 있는 새로운 엘리트의 입장에서는, 의사소통의 정착점이 다음과 같은 세 가지의 커다란 목표들을 중심으로 편성되어야 할 것이라고 주장할 수 있다.

* 권위를 정복하기.
* 상대적인 역동성을 생산하기.
* 메시지들을 활용하기.

권위를 정복하기

—— 이것은 우선 자신의 야심과 정복할 새로운 영역을 표명하는 것이 될 터이다. 이것은 유인하고 혁신하며 안내하기 위해서 다소 감정적인 표현도 두려워하지 않으며, 그것을 분명하게 표현하는 작업이다.

—— 그것은 또한 윤리의식, 다시 말해 타인들과 자신에 의해 존중되기를 바라는 규칙들에 대한 정의를 확립하는 것이고, 모델과 본보기의 가치들 그리고 주변환경과 조화를 이루기 위해서 거만하고 역할에 의해 정당화되지 않은 특권들을 포기하는 자세를 회복하는 것이다.

—— 그것은 또한 자신의 능력을 인정하게끔 하는 것이며, 계

획을 추진시키고 여론의 입장에서 구체적으로 확인할 수 있는
결과들에 의거하여 자신을 평가받는 것이다.

— 그것은 결정하고 결정에 대한 집단적인 수용을 조성하면
서 실행하고, 집단적 토론을 구성하고 활성화시키기 위해 아이
디어들을 투입하고, 관련된 주제에 대해 많은 사람들의 의견이
표출될 수 있게끔 촉진시키고, 다양한 의견들을 수렴하고, 모든
도덕적 권위들과 현자들에 근거를 둠으로써 독자적인 관점들을
생산해 내고, 심리적이고 문화적인 교착상태들을 해소하기 위해
서 반응들을 이해하고 연구하는 것이다.

상대적인 역동성을 생산하기

그것은 중계자들을 거치지 않고 현장 접촉을 함으로써 뿐만
아니라, 문화적인 차원(친근감, 어휘 등)을 통해 관련된 국민과
밀접해질 수 있는 능력, 모든 사람의 이야기를 경청하고 주의를
기울이는 실질적인 가용성을 드러내는 것이다. 또한 의견들과
반응들을 불러일으키게 할 줄 아는 것이며, 한 가지 주된 이념
을 중심으로 관점들의 다원성을 유도하며 대화와 토론을 증진
시키는 것이다. 그것은 또한 새로운 관계의 수준들을 만들어 내
고, 메시지들을 증폭시킬 수 있는 중재자들·중계자·대변인을
배치하는 일이다. 그리고 그것은 그들의 다양성과 문화적이며
세대적인 다원성에 의해 특징지어져야 한다.

그것은 또한 형성된 접촉이 강렬하고 감동적인 흔적을 남길
수 있게끔, 관계된 사안을 지속적으로 관찰할 수 있도록 보장할
줄 아는 것이다.

메시지들을 활용하기

—— 이익의 차원에서 제안들을 해석하기

수신자에게 무엇을 가져다 주는가 하는 차원이 아니라, 발신자의 관점에서 특히 정치생활에 있어 너무도 많은 메시지들이 여전히 만들어지고 있다. 브랜드를 위해 할 줄 아는 일, 말하자면 소비자의 이익을 위해 생산품을 소비자의 이익으로 변환시키는 행위는 흔히 정치세계에서는 특히 생소한 것으로 보인다.

테크노크라트적인 세계는 취해진 결정들을 국민을 위해서 긍정적인 행위로 드러내는 방법을 모르고 있다. 그들의 청사진들을 구상하기 위해 개발하고 필요한 계산들을 수행하며, 그것들을 검증할 줄 아는 그들의 지능에 대해서 대개 만족하는 테크노크라트들은, 그들의 제안이 자동적으로 연출되는 것보다 그들의 작업이 자동적으로 연출되는 것에 더 많은 비중을 두고 있다.

이익의 관점에서 제안들을 해석하는 것은 수신자를 연관시키고, 그의 관심을 이끌어 내며, 취해진 결정들에 의미를 부여하는 한 가지 방법이다.

—— 개념들을 만들어 내기

메시지의 송신자들이 다양하다는 것이 그 메시지들의 효과를 위해 점점 강화되기만 하는 정보 홍수의 사회에서, 리더는 점점 더 기억할 수 있고 사람들의 머리에 흔적을 남길 수 있는 개념들을 만들어 내야만 한다.

오늘날 오로지 부정적인 결정들만이 국민들 머리에 강한 자국을 남긴다는 것이 명백한데, 왜냐하면 긍정적인 결정들은 그 표현에 있어 커다란 취약점을 지니고 매체에 의해 삼켜져 버리며 기억의 덫에 갇히기 때문이다.

오로지 강력하게 개념화된 형식들만이, 새로운 리더십의 미래가 가져올 혁신된 비전을 세우는 데 필요한 흔적들을 남길 수 있게 된다.

—— 모든 사람들이 이해 가능한 언어로 표현하기(단순성, 주석들, 은유들)

기술(記述) 문화에 의해 형성된 많은 리더들은, 그들 자신의 직업적 문화를 반영하는 언어로 표현한다. 그런데 우리 사회의 준거 문화는 더 이상 기술 문화가 아니라 TV에 의해 만들어지는 구두(口頭) 문화이다. 주석들 또는 은유로서 형상화된 짧은 문장들, 단순하고 직접적인 언어와 같은 그 문화의 메커니즘을 체득한 리더들은 거의 없다.

—— 그들이 할 줄 아는 것을 위해 매체들을 이용하기

수많은 리더들이 TV에 출연할 때 이미지가 아니라 소리를 만들어 냄으로써 고작 라디오에 출연하는 것처럼 되어 버린다.

말하여진 수많은 담화들은 사실 신문잡지의 텍스트처럼 쓰여진 것들이다.

너무나 많은 언론 인터뷰들이 강렬한 메시지, 인쇄매체에서 첫부분을 장식하기 위한 필요 불가결한 주된 사상을 부각시키지 못하고 라디오의 잡담처럼 취급되고 있다.

미래의 리더는 혼란스러운 매체를 통한 의사발표 활동에 전적으로 의존할 수 없을 것이며, 오히려 그 어느 때보다도 개성을 살리고, 그의 계획과 야심에 어울리는 매체플랜들을 구축해야 할 것이다.

미 래

비전을 지닌 리더는 쇼비즈니스와 과대노출 차원에서가 아니라 내용과 형식의 변증법, 즉 결정권자는 자신이 자신의 행동에 의해 메시지임과 동시에 매체가 된다는 영원한 패러독스의 관리를 통제할 수 있을 것이라는 차원에서 반드시 의사소통 능력이 있어야 할 것이다.

매체가 한 인간처럼 되어 버릴수록 맥루안의 유명한 문장인 "매체가 곧 메시지이다"는 더욱더 타당성을 갖게 될 것이다.

III

FORESEEN 클럽 초청자들의 시각

상기의 추세와 그 여파에 대한 초청자들의 자유의견들

FORESEEN 연구소의 작업들은 모든 조직들과 기업들, 그리고 그 지도자들을 위한 방향과 적응방법을 알려 주는 도구가 되고자 한다.

Havas Advertising 그룹이 이러한 연구들을 착수하고 발전시킨 것은 사회학을 가장 훌륭하게 이해함으로써 가장 이상적인 정치, 가장 이상적인 경영, 그리고 가장 이상적인 마케팅을 구현한다는 바로 이러한 개념을 토대로 해서이다.

이러한 이유에서 이와 같은 분석들의 참신한 면들을 수집하고, 그것들에 대해 자유스럽게 토론하기 위해 Havas Advertising의 사장인 알랭 드 뿌질락은 정기적으로 모든 부문들과 모든 직업 분야들, 민간기업들 또는 공공서비스 부문, 국가행정의 지도자들과 책임자들을 규합한 것이다.

우리는 바로 이 'FORESEEN 클럽'의 회원들에게 반응을 요구하고, 이러한 사회문화적 조류에 대한 자신들의 관점을 밝혀 주기를 요구했다.

* 그들은 추세에 대한 이러한 가정에 동의하는가?
* 여기에서 그들은 단절을 느끼는가, 아니면 단순한 변화를 느끼는가?
* 미약한 불꽃인가, 아니면 무겁고 장기적인 조류인가?
* 그리고 그들 자신의 고유 분야와 활동영역에 관련하여, 그들은 어떠한 결론들을 내리게 되는가?

왜냐하면 사회 추세와 사회 역동적 조류는 확률의 시나리오들이고, 사회의 주역들이 그들의 선택과 결정에 의해 심오하게 다듬어 가는 심리사회학적인 잠재적 집단 에너지일 뿐이기 때문이다.

자신들이 책임자로 있는 조직을 대변하는 것이 아니라, 사적인 차원에서 발언자 자신들만을 구속하는 이러한 자유스러운 발언들이 추세와 그 결과들에 대한 보다 넓은 집단적 성찰을 나누기 위해 이 토론의 자리에 함께 모아진 것이다.

1

이브 까낙
Legos 회장

FORESEEN : 매체들은 우리 사회에서 엘리트와 리더십의 위기를 전파하고 있습니다. 귀하의 의견으로는 이러한 위기는 정당화되는 것일까요?

이브 까낙 : 현재 우리가 처해 있는 매우 급속한 변동의 시기에, 우리가 엘리트와 리더십에 대한 회의를 확인한다는 것은 정상적인 것입니다. 그렇기 때문에 정치적인 리더십과 기업 리더십의 위기를 혼돈하는 것은 위험할 것입니다. 이것들은 두 개의 다른 주제들이며, 모든 일반화는 경솔할 것입니다. 더구나 예전에는 엘리트들과 리더들이 명실상부했다고 생각함으로써 과거 시대를 미화시키지 않도록 주의합시다. 현실은 틀림없이 더 복잡한 것입니다. 역사학자의 시선은 엘리트의 위기가 지속적이라는 것을 보여 줍니다. 엘리트들은 반박받기 위해 '만들어졌다'는 것이지요.

요컨대 매우 경쟁력 있는 상황의 기업들에서는, 제 견해로는 직원들과 그들의 최고경영자 사이에 의견의 일치를 보지 못하는 심각한 동기들이 명백하게 있다고 할지라도 리더십의 근본적인 위기라는 것은 없습니다. 이것은 모든 사람이 굳어진 상태로 있다거나, 전체적으로 흥분되어 있다는 것을 의미하지는 않습니다. 그러나 게임의 규칙들은, 기업에서 일하는 모든 사람들에 의해 거의 이해되고 공감받고 있는 것처럼 제게는 여겨집니다. 그것의 증거는 우리의 어떤 기업들이 현재의 세계에서 매우 경쟁력이 높다는 것입니다.

FORESEEN : 그렇다면 귀하로서는 특히 정치적인 리더십의 위기가 있을 것이라는 말씀입니까?

이브 까낙 : 정치계층과 사회간에는 진정한 몰이해가 있습니다. 전반적으로 정치계층은 공감을 이루고, 사회와 국가의 미래상을 전달할 수 있는 명확한 인식을 지니고 있지 않습니다. 정치계층은 매우 각별한 그 출신 배경에 의한 것처럼 극히 세분화되어 있으며 정형적입니다. 오늘날 95%의 국가 정치지도자들은 국립행정학교 출신들이며, 이것은 매우 비정상적인 현상을 만들어 내고 있습니다. 이러한 이유에서 그들이 우파이든 좌파이든 우리 지도자들과 사회간에는 커다란 몰이해가 생겨나는 것이지요. 게다가 마찬가지로 민주주의에서 정상적으로 구조를 이루는 좌파-우파의 관계는 부분적으로 마비되었습니다.

우리 지도자들은 오늘날 통합을 촉진시키는 그들의 역할을 수행하고, 사회가 동참할 수 있는 미래에 대한 비전을 사회에 전달할 수 있는 상태가 되지를 못합니다. 이것이 바로 여론과 정치적 리더십 사이에 존재하는 불안의 핵심적인 원인입니다.

FORESEEN : 지도자들이 갖는 획일적인 프로필을 넘어서 어떠한 다른 요인들이 이러한 위기를 촉진시킬 수 있습니까?

이브 까낙 : 오늘날 프랑스는 모든 다른 국가들과 마찬가지로 그 지도자들이 급격하게 변화해야만 하고 세계화, 새로운 기술들, 지식의 보편화, 보다 개방적인 경쟁, 풍요로움, 수명의 연장, 간단히 말해서 분명하게 긍정적이거나 덜 긍정적인 모든 종류의 변화들에 적응해야만 하는 상황에 처해 있습니다.

우리 정치지도자들은 아마 다른 국가들의 지도자들보다 덜 지혜롭거나 덜 용기를 가지고 있거나 하지는 않을 것이지만, 그들은 사회와 더 많은 괴리를 지니고 있으며, 이것이 자신들의 과업을 수행하는 것을 더 어렵게 하고 있습니다. 그들로서는 또한 특히 여론을 형성하는 데 기여하는 그들의 역할을 완벽하게 수행함에 있어 더 많은 어려움을 느낍니다. 그들은 흔히 여론을 선도하기보다 그것을 좇아가는 데 더 급급합니다. 이러한 사실에 비추어 볼 때 그들의 행동은 극히 보수적으로 머무르며, 우리가 가지고 있는 모든 종류의 자원에도 불구하고 프랑스 사회의 공적인 공간은 새로운 세계에 적응하지 못하게 되는 것입니다.

FORESEEN : 습관들, 구조들, 교육들에 대한 어떠한 회의를 상상해야 합니까?

이브 까낙 : 선출자들의 출신을 다양화하는 것이 급박합니다. 이들은 공직으로부터 너무 심할 정도로 독점적으로 나오고 있는데, 이는 정치생활에 뛰어들고자 하는 공직자 구성원들이 형성하고 있으며, 민간 부문 출신들을 위한 동일한 혜택은 존재하지 않는 엄청난 안전망 때문입니다. 민주주의의 관점에서, 거

기에는 충격적인 불평등이 존재하며, 이러한 상황은 프랑스 사회가 각각의 구성 요소들에 있어 정치계층에 의해 대표되지 못하게 하는 데 일조하고 있습니다.

FORESEEN : 인재 양성과 관련하여 귀하께서는 가능한 새로운 방향을 생각하는 것이 있습니까?

이브 까낙 : 정치인들에게 있어서 자신을 교육시키는 것은 자신에게 귀속되는 문제입니다. 그들에게 있어서 교육은 인생이요, 경쟁인 것입니다. 그들의 출신 성분을 다양화시킵시다. 그러면 우리는 좀더 나은 정치인들을 가질 수 있게 될 것입니다.
고위공무원들과 관련해서는 선발의 문제와 동시에 교육의 문제가 제기됩니다. 졸업을 하면서 어떠한 분야를 선택할 것인가를 마지막 순간까지도 모르면서 국립행정학교에서 모든 학업을 이수한다는 것은 어쨌든 이상한 일입니다. 그럼에도 불구하고 법률전문가·금융전문가·교육전문가, 또는 문화전문가에게 사람들이 기대하는 것들 중의 공통점으로는 무엇이 있습니까?

FORESEEN : 사회에 보다 적응된 교육을 어떻게 상상해 낼 수 있을까요?

이브 까낙 : 우선 국립행정학교 출신들이 대부분의 국가 중요 기관과 고위직들을 더 이상 독점하지 말아야 합니다. 또한 전문가 채용을 위한 더 많은 기회가 있어야 할 것입니다. 그리하여 참사원에서는 진짜 법률가, 재무부에서는 진짜 경제학자, 사회복지부에서는 진짜 사회학자가 일을 하게 되어야 합니다.

그리고 나서 오늘날 국가 수입의 절반 이상을 운용하고 있는 공무원들이 시장경제가 무엇인가를 더 잘 이해하도록 하기 위해서, 그들이 진정으로 법치국가를 존중하게끔 양성되도록 하기 위해서, 그리고 공적 자원들을 더 잘 운영할 수 있는 능력을 습득하도록 하기 위해서 상응하는 노력들을 하는 것이 상당히 불가피할 것으로 보입니다.

FORESEEN : 자신의 지도자들과 괴리감을 느끼고 있는 국민들 속에서 새로운 프로필을 지닌 리더들에 대한 기대를 찾아낼 수 있다면, 귀하의 의견으로는 미래의 정치 리더들이 어떠한 핵심적인 가치들을 구현해야 할 것으로 보입니까?

이브 까낙 : 그것은 너무나 많이 이야기되어 온 문제입니다. 과거와 오늘날간에 그 상황들이 그렇게 큰 차이가 난다고는 확신할 수 없습니다.

리더는 항상 전반적인 비전을 지님과 동시에, 세부적이고 구체적인 것에 대한 정확한 감각을 가지고 있던 인물입니다. 리더는 또한 개인적인 접촉과 관계에 대해 현실적인 감각을 지님과 동시에 그것의 포로가 되어서는 안 됩니다.

정의에 따르면, 리더는 훈련 능력을 지님과 동시에 비판을 수용할 수 있는 능력도 있어야 합니다.

이러한 자질들은 시대를 초월하는 것으로 제게는 여겨집니다. 그리고 이러한 이유에서 현대의 자질들과 과거의 자질들을 대비시키는 것은 다소 부자연스럽게 보입니다.

FORESEEN : 따라서 특정한 인물들로 하여금 사회의 리더

십을 장악하도록 만드는 것은, 오히려 영속적인 자질들인 것이
지요.

　　이브 까낙 : 이러한 자질들은 한편으로는 엄격히 개인적인 차
원과 연관되며, 다른 한편으로는 경력이나 교육과도 연관됩니다.
　지도 역할의 특징들 중 하나는 바로 지도를 하는 방식에는
왕도가 없다는 것입니다. 책임자가 되기 위해서 어떤 분야이건
유일한 방도가 있을 수 있는 것처럼 조직화되는 것이 바로 우
리 시스템의 약점인 것입니다.
　그런데 경력에 있어서는 경쟁적인 과정이 항상 필요합니다.
무겁고 중요한 구조를 이끌기 위해서는, 어느 누구도 다 갖추고
있다고는 주장할 수 없을 정도의 많은 자질을 실제로 갖추고
있어야 합니다. 따라서 보다 정력적이고 자율적인 리더들, 또는
보다 성찰적이고 보다 거리를 두는 성향의 리더들을 구하기 위
해 가능한 몇 가지 적절한 배합방식이 있습니다. 어떤 사람들은
금융 관련 교육을 받고, 또 다른 사람들은 마케팅 교육을 받습
니다. 중요한 것은 자의적인 선호도나 특권들에 의해 왜곡되지
않는 경쟁심과 선발 메커니즘을 만들어 내는 일입니다.

　　FORESEEN : 귀하의 의견에 따르면, 경쟁은 리더들의 가장 훌륭
한 선발을 가능케 할 것이라는 말씀이시지요? 이것은 모든 공직에
해당됩니까?

　　이브 까낙 : 물론입니다. 기업들 차원에서의 경쟁은 이러한
경쟁심을 만들어 냅니다. 행정 부문도 그 책임자들, 특히 기업에
서 경험이 있거나 교육을 받은 부서의 장들이나 실무 책임자들

을 가질 수 있게 됨으로써, 선발에 있어 경쟁적인 방식에 문호를 개방하는 것이 유리할 터입니다.

한편 기업들은 너무 오랫동안 그랑제꼴들을 통해서 선발하는 유일한 방식에서 벗어나기 시작합니다. 오늘날 25세의 젊은이를 선발할 경우에는 기본적으로 그의 교육과정을 살펴보지만, 35세·40세 또는 45세의 직원들을 선발할 경우라면 주로 그의 경험과 그가 이룩한 성과를 고려합니다. 이러한 관점에서 보면 보다 많은 선택의 자유를 가지고 있기 때문에, 현실이라는 원칙에 종속되어 있는 기업들은 직업적인 경력과정에 따라 보다 수월하게 선발하고 있습니다.

FORESEEN : 귀하의 기업에서는, 귀하 스스로는 어떻게 신뢰를 구축하십니까? 주로 '엘리트'들로 구성되어 있는 다소 특별한 이러한 인력들을 어떻게 결집하려는 노력을 하고 계십니까?

이브 까낙 : 사실 Cegos는 세 가지 특성을 지니고 있습니다. 분야의 특성상 당사는 기본적으로 간부사원들에 의해 구성됩니다. 또한 주주들로 인한 특성인데, 모든 경영권을 확보할 수 있을 정도로 충분히 많은 지분을 어느 한 사람이 소유할 수 없을 정도로 자본의 대부분이 직원들 전체에게 분포되어 있기 때문입니다. 마지막으로 그 구조의 특성에 의한 것인데, 그것은 매우 분권화되어 있으며, 인격성을 띠지 않으면서도 각 책임자들이 해당기간내의 실적에 대해 진정으로 책임을 지는 상당히 큰폭의 전략적 자율성을 지닌 담당부서별로 조직되어 있습니다. 게다가 우리는 매우 협의체적인 지휘구조를 지닌 지도부를 편성했습니다.

이브 까낙 ㅣ2ㅣ

우리는 전제적인 체제를 가진 기업이 아닙니다. 제 역할에는 인력을 규합하고, 지도급 간부들이 모두 일할 수 있도록 하는 것에 훨씬 더 많은 비중이 있습니다.

FORESEEN : 기업에서는 책임감이 실적뿐만이 아니라 상벌에 의해서도 드러납니다. 협의체적인 시스템에서 상벌제도가 어떻게 실행될 수 있을까요?

이브 까낙 : 우리는 사실에 근거한 실적과 상벌 문화를 가지고 있습니다. 성공하지 못하는 경영자는 교체되며, 이것에 대해서는 더 말할 나위가 없습니다.

그래서 저는 그 자체로서 가치를 지니는 권위를 행사한다는 의미에서의 리더십 문제를 진지하게 생각지 않습니다. 제가 관심을 가지는 것은 구조 전체의 작동을 보장하는 것이며, 적절한 시기에 좋은 결정들이 취해질 수 있도록, 그리고 이어서 실제로 실행될 수 있도록 보장하는 것입니다.

FORESEEN : 미국에서는 리더들로 구성이 되어 있고, 자기 스스로를 관리하는 인력이라는 새로운 종류의 리더십의 개념에 대해 많이 이야기하고 있습니다. 귀하가 Cegos에서 보여 주고 있는 것이 이러한 형태의 리더십입니까?

이브 까낙 : 그것이야말로 오래 전부터 있었던 우리의 특성입니다. 저는 단위별 지도자들뿐만 아니라 직원 전체들에 대해서도 생각합니다. 우리는 이러한 관점에서, 아무리 훌륭한 발상이라 할지라도 그것이 긍정적인 경제적 결과들로서 유효하다고 인

정받지 못하면 재고되어야 한다는 것을 각자가 강하게 의식하고 있는, 오히려 좋은 의미로 상당히 '프랑스적'인 기업입니다.

FORESEEN : 이러한 종류의 경영에 있어 귀하는 어떠한 어려움들에 부딪혔습니까?

이브 까낙 : 주된 난관은 개인주의와 각자가 자신의 기준을 너무 높게 설정해서 시너지·협력, 그리고 그룹의 경제적 이익에 충분한 중요성을 부여하지 못하면서 갖게 되는 위험성에 있습니다. 저와 지도부의 역할은, 고유한 목표들로 폭넓게 집중되어 있는 단위 차원에서 그룹에 대한 소속감을 동시에 민감하고 실체적이며 긍정적으로 만드는 데 있습니다.

FORESEEN : 중앙적인 리더십에 관련된 것과 자율적인 개체와 관련된 것을 귀하는 정의하실 수 있었습니까?

이브 까낙 : 우리는 이러한 시각에서 'Cegos 2000'이라는 이름으로 4개년 계획을 수립했습니다. 이것은 성장과 강조된 유럽화를 추진하는 계획입니다. 핵심적인 통과점들로서 우리는 혁신의 차원, 비용 절감과 지원 기능의 가치 극대화의 차원, 그리고 고객 집중화와 우리 인력자원의 관리 차원에서 적절하게 파악한 일정한 수의 발전 계획을 정의했습니다.

첫번째로 중앙부서가 관여하는 일들은 기본적으로 핵심적인 인력자원의 경영들, 말하자면 오늘날 맡고 있는 분야에만 국한될 활동에 갇히지 않고 그룹 전체에서 활동영역을 개발할 수 있도록 우선 간부 인력·지도자 인력들과 관련됩니다. 두번째는 금융자원의 관리입니다. 세번째는 고객 관리입니다. 오늘날 우리는——고객들 스스로가 먼저 그것을 원하기 때문에——매우 분산된 고객 관리체제를 가지고 있습니다. 그들이 전략에 대한 컨설팅을 우리에게 구입하고자 하는 것은, 누가 우리에게 영업교육을 의뢰하기 때문이 아닙니다. 그리고 이것을 우리는 존중해야 합니다. 그러나 동시에 우리는 주로 기업의 가장 중요한 고객들을 위한 보다 전반적인 경영을 이룩할 수 있도록 해야 합니다. 그리고 물론 커뮤니케이션과 이미지 관리도 포함됩니다.

발굴된 혁신적 이니셔티브들을, 그것들이 발생하는 자리에서 진정으로 도와 준다는 사실도 역시 중앙 기능들의 일부를 이룹니다. 그리고 또한 민족 문화와 비교한 특정한 유럽 문화를 중시하도록 하기 위해서 행해진 행동도 그 일부를 구성합니다.

FORESEEN : 보다 포괄적인 표현을 빌린다면, 귀하께서는 사회에서 새로운 리더십의 출현을 어떻게 보고 계십니까?

이브 까낙 : 시간이 흐름에 따라 창조성, 혁신, 기업가적 자질의 가치들은 기득권 유지와 제도적 입장이라는 가치들보다 더 비중을 차지하게 될 것입니다. 프랑스 사회는 현존의 상황들을 단지 적절하게 운영하는 자들과 비교해서 창조해 내는 자들을 더 높이 평가하게 될 것입니다. 프랑스는 자국의 역사와 문화를 소중히 여기는 나라이기 때문에 이것은 상당히 중요한 변화를 의미하게 될 것입니다. 약간의 우상파괴가 프랑스로 하여금 그렇게도 좋은 효과를 가져오게 하는 것을!

FORESEEN : 새로운 엘리트들의 출현을 촉진시키는 요소들은 어떤 것들입니까?

이브 까낙 : 저는 아무것도 모릅니다. 언제 이루질지조차도 모릅니다. 보다 개방적인 경쟁과 보다 급격한 기술 변화의 상황에서 차츰차츰 차이점들이 그 모습들을 드러낼 것입니다. 그러나 이것이 고통 없이 진행되지는 않을 것입니다. 특히 프랑스는 불행하게도 엘리트들의 수출국이 되어가고 있는 중이라는 것을 인식합시다. 상당한 수의 젊은 창작인들, 과학자들, 기업경영자들, 재능 있는 지식인들이 미국 또는 다른 나라들에서 보다 유리한 개인적 입지들을 확보하고 있다는 것을 우리는 오늘날 잘 알고 있습니다. 대체적으로 모든 이러한 상황은, 엘리트들은 수출하고 미숙련공들을 수입하는 정책을 추구하고 있는 것처럼 진행이 되고 있는데, 이것이 훌륭한 정책일지는 모르지만 어느 정도가 지나치면 균형의 문제를 제기합니다. 오늘날 재능 있는 많은 젊은이들이 외국으로 떠나가 버립니다. 우리는 그들을 붙잡아두기 위해 한 일이 거의 없으며, 기업들에서 뿐만 아니라 대학에서도 국제적 엘리트들을 유인하기 위해 한 일은 더 없습니다.

2

피에르 도지에
Hauas 그룹 회장

엘리트에 대한 회의와 관련하여 역사는 수많은 예들을 제공하고 있다.

프랑스의 경우, 우리는 45년 승전 이후 정치 현장에서 권력을 잡고 있는 자들에 의해 한때는 주장되다가 이후에는 내팽개쳐져 버리는 일정한 수의 가치들이 연이어 있었음을 보아왔다.

첫번째 모델은 드골 장군에 의해 구현되었는데, 그것은 패전과 점령된 영토에 직면하여 일어난 항거의 정당성이며, 또한 프랑스 대혁명에 의해서 부인되고 대독협력 당시에는 무시당했으며, '노동, 가족, 조국'이라는 슬로건으로 대체하고자 했던 '자유, 평등, 그리고 박애'라는 프랑스 공화국의 가치들에 대한 애착이었다. 이러한 가치들을 기반으로 해서 레지스탕스 출신의 엘리트가 형성되었으며, 마침내 경제적인 권력뿐만 아니라 정치적인 권력까지 장악하려는 파벌로 변질되자마자 그 엘리트는 사라졌다.

두번째 모델은 퐁피두 대통령에 의해 구현되었다. 재계 출신의 부르주아 엘리트는 인정을 받고, 상대적으로 매체의 주목을 받은 후에 파벌화의 단계를 거쳐 사라져 버렸다.

오히려 '귀족적인' 성향의 세번째 모델이 그뒤를 이어받았는데, 이 모델은 발레리 지스카르 데스탱 대통령 통치시기에 현대식의 가치들과 앙시앵 레짐의 방식들을 이상야릇하게 혼합한 엘리트 문화를 형성하였다.

보다 사회적인 네번째 모델은 프랑수아 미테랑에 의해 구현되었는데, 이 모델은 새로이 원대한 희망을 불러일으켰으나 별다른 큰 반향 없이 종말을 고했다.

오늘날 그뒤를 이을 새로운 모델은 우리가 발굴해 내야만 하는 상황이다. 그것은 아마 FORESEEN 연구소에 의해 예견된 비전을 지닌 모델일 것인데, 이 모델 안에서 프랑스 사회는 재편성될 수 있을 것이다. 무슨 이유에서 아주 단순하게 쁘띠 라루스 사전에 다음과 같이 정의된 대로의 엘리트 모델이 근본적으로 만들어지지 않는 것일까?── '가장 훌륭하고 가장 뛰어나다고 여겨지는 사람들의 그룹.'

내 견해로는 엘리트는 단순하지만 여론, 즉 집단적 진보의 여론에 의해 강력하게 기대되는 사상을 주도하여야만 한다. 그리고 어떠한 인물이건간에──정치인, 노동조합원, 또는 경영자───지도자는 자신의 기업, 또는 자신에게 위임된 지위로부터 퇴출당하는 위험을 무릅쓰고 자기 자신의 능력, 또는 자신의 명성에 의존하는 수밖에 없다. 그는 반대로 환멸·무질서, 또는 위기로 대변되는 우리 사회의 조류들을 통합시켜야만 한다.

어떠한 정치적인 모델도 현재의 위기를 해결하지 못했다. 어마어마한 질문들이 제기된다. 이렇듯 가장 산업화된 국가들이 가장 부채가 많은 국가들이라는 것을 어떻게 설명할 수 있을 것인가? 번영의 외형을 가지고 있는 경제가 실업을 만들어 낸다는 것을 어떻게 설명할 수 있을 것인가? 좋은 수익률에도 불구하고 기업들이 해고를 단행하는 현상을 어떻게 정당화시킬 수 있을 것인가? 이와 같은 것들이 물론 여론에 의해 수용될 수 없는, 우리가 확인할 수 있는 단순한 사실들인 것이다.

마찬가지로 오늘날 유럽이 직면한 두 개의 사건을 해결할 수 있는 능력이 없었다는 것을 어떻게 정당화시키겠는가? 그것은 한편으로는 공산주의의 몰락으로 인한 동구 국가들의 위기이다. 유럽이 도와 주고 지지해 줄 수 있었던 바로 그 상황에서, 유럽은 긍정적인 변화가 아니라 부패의 요인이 되는 돈밖에는 지원할 줄 몰랐었던 것이다. 다른 한편으로는, 구유고연방의 정체성 위기였다. 유럽은 겁쟁이였으며, 개입할 능력이 없다는 것을 보여 주었다. 권력을 장악하자마자 정치적인 해결책들을 모색하는 데 적절하고 중요한 군사적 이니셔티브를 취할 줄 알았던 시라크 대통령임에도 불구하고, 그는 유럽 민주주의가 사건의 담당을 미국에게 넘겨 주어야만 하는 사실을 지켜보아야 했는데, 이로 인해 때늦은 이니셔티브를 취하게 됨으로써 국민들뿐만이 아니라 유럽의 이미지에도 치명적인, 우리가 익히 알고 있는 불행한 결과들을 가져왔다.

분명히 엘리트 위기는 우리 가치들의 심각한 위기로 인해 발생한다. 엘리트들은 가치들과 더불어 사라지는 것이다. 심지어 가치가 없는 세상에서도 지도자들은 물론 존재하지만, 아무리 그들이 매체를 잘 탄다고 할지라도 어떤 이들은 엘리트의 자질을 주장할 수 없을 것이다. 그것은 차라리 항상 이러한 매체화로 인해 생겨나는, 일시적인 차원의 스타 시스템 속에서 나타나는 '스타들'에 가까운 것이다. 소비자들은 어느 날은 실제로 엘리트들을 극찬하지만, 다음날은 그들을 제재할 것이다.

엘리트 권력에 대한 회의는, 마찬가지로 지도자들이 그들의 준거들은 질적이기보다 양적인 것과 더욱더 관련된다는 유일한 사고방식의 함정에 빠지는 데 기인한다.

이렇게 하나의 기업은 매출액과 그 수익의 지속성에 의해 평가되는데, 이러한 수치들을 기준으로 금융계에서는 이 회사의 경영방식이 현대에 적응했다고 선언한다.

양적인 기준들은 구닥다리가 되어 버린 모델에 충성을 서약하며, 테크노크라트 체제에 자신의 번영을 의존하는데, 이 테크노크라트 체제는 정의에 따르면 수치를 통해서만 그 정당성을 추구하는 비개성화된 엘리트적 요소이다.

반면에 우리가 유럽에서 경제적 인본주의의 모델을 만들어 내기 위하여 이교적이거나 기독교적인 인본주의에 의해 영감을 받은 질적인 기준들을 수용한다면, 우리는 국민 다수의 의식적이거나 혹은 그렇지 않은 기대들에 대한 해답을 제시하게 될 것이다.

이렇게 해서 사상가들과 현자들뿐만이 아니라 정치인들과 지도자들의 책임이라는 것이 정의되는 것이다.

공동체적 청사진을 제시할 수 있는 능력을 지닌 엘리트의 새로운 모델은, 다음과 같은 세 가지 개념을 고려한 유럽적인 것이어야 할 터이다.

첫번째 개념은 지혜의 가치이다. 현대는 우리가 의지할 수 있는 현자들을 제공하지 않는다는 점에서, 우리는 18세기와 19세기의 준거들을 살펴보아야 할 것이다.

두번째 개념은 단지 현자들뿐만 아니라, 정복정신과 장기적으로는 평정의 정신에 의해 고취된 '승리하는 장군'의 개념이다. 정복의 상태가 지속되기 위해서는 '정복된 자들'의 사고방식과 독창성들을 고려해야만 한다. 기업들이 다른 기업들을 매수하거나 경영권을 장악함으로써만이 아니라, 그 기업들의 고유하고 역사적이며 인간적인 가치들을 존중함으로써 그들의 외형적인 성장을 성공시키는 것은 더욱이 이런 방식을 통해서이다. 성공의 열쇠는 자신의 고유한 가치들과 성공적인 상호 작용을 하는 데 달려 있다. 이러한 두 개의 문화를 맺어 줌으로써, 우리는 전체가 발전할 수 있도록 해주는 새로운 경영방식을 만들어 내는 것이다.

세번째 개념은 문명들과 밀접한 관련이 있다. 유럽에서는 역사적이며, 또한 사고방식의 이유로 인하여 서로 매우 동떨어진 모델들이 존재한다. 그래서 미국에 가까운 앵글로색슨 모델과 과거에 의해 훨씬 많은 영향을 받는 라틴계 모델이 공존하는데, 이러한 상황에서 우리는 기원과 기질들의 복잡성을 다시금 확인하게 된다.
이러한 요인들을 고려하지 않으면 지도자는 유럽 모델을 정의할 수도 없고, 자국의 국민들이 가질 수 있는 기대에 답할 수도 없을 것이다.

위에 열거한 세 개의 가치들은 중요하다. 사실 정치에서도 경제에서도, 그리고 사회에서도 찾을 수 없는 준거들을 모색하고 있는 대중의 요구에 지혜로움이 응답하는 것이다. 그리고 나서 대중은 또한 정복과 승리를 기대한다. 그들은 자신들의 국가와 기업에 대해 자랑스럽게 느껴야 할 필요가 있는데, 유럽에 대해 자랑스럽게 느끼지 못하란 법이 있는가. 그런데 유럽이 하나의 필요성이기는 하지만, 순전히 금융적인 유럽은 반드시 자긍심을 불러일으키지는 않는다.

그러나 현상의 모든 측면들을 살펴보면, 우리는 또한 소비 습관뿐만이 아니라 개인의 행태들마저 변혁시킬 산업혁명의 문턱에 와 있다는 것을 인정해야만 한다. 오늘날 우리는 이미 대조적인 효과들을 가져오고 있는 '전자' 문명 속에서 살고 있다. 부정적인 효과는 지식·정보, 그리고 여흥들의 홍수로부터 비롯되는데, 그것들은 너무도 모순적이기 때문에 우리로 하여금 그 지표들을 잃게 함으로써 우리의 개성을 말살시킬 우려가 있다. 반대로 긍정적인 효과는 대다수의 개인들로 하여금 광활한, 심지어 범적인 지식에 접근할 수 있도록 하는 것인데, 이러한 현상은 인류 역사상 가능한 적이 한번도 없었던 것이다.

우리들은 또한 훨씬 더 상호 대화적인 관계양식으로 돌아갈 것이다. 사실 상호 대화성을 이야기할 때, 우리는 그것이 아테네인들에 의해 발명되었다는 것을 잊고 있다. 최초의 민주주의인 아테네 민주주의는, 각자가 서로를 알고 대화하고 교환하면서 장군들과 정치가들을 선출하는 이미 상호 대화적인 민주주의였다. 디지털 기술의 덕택에 이러한 상호 대화성은 새로운 가능성으로 대두될 것이다. 사업가이건 봉급쟁이이건 퇴직자이건, 개인은 이전보다 훨씬 적극적인 방식으로 공동체적 생활에 참여할 것이다. 따라서 개인의 판단, 평가와 제재는 훨씬 강력하고 타당해질 것이다. 나는 대부분의 지도자들이 우리가 변혁의 시기로 들어갔다는 것을 잘 인식하고 있다고 믿는다. 우리는 경영인 위주의 기업에서 '사회적 소명'을 지닌 기업, 혹은 당신이 선호한다면 '공민적' 기업으로 옮아왔다.

어쨌든 공민적 기업에 내용을 부여하기는, 이 두 가지 단어들을 연결시키는 것이 쉽지 않듯이 여전히 어려운 상황이다.

기업 내부에서의 집단적인 책임감은, 우선 (상징적이라고 해도) 경청 능력을 통해 기업을 구성하고 있는 직원들의 의견을 고려하는 것이며, 그리고 난 이후에 마지막으로 기술적인 변동들을 예상하기 위해서 일관성과 응집력을 추구하는 것이다. 상이한 연령계층의 열망들이 더 이상 전혀 동일하지 않다는 것을 또한 고려해야 한다. 위기의 상황 때문에 사회적 성공과 경제적 성공은 더 이상 원동력이 되지 않는다.
따라서 젊은 유망주들이 미래의 엘리트를 구성하게끔 결정되는 것은, 아마도 고전적인 가치들(가족, 이타주의 등의 가치)이라기보다는 오히려 전통적인 가치들을 기반으로 할 것이다.

어찌되었든간에 미래의 지도자는 우리가 오늘날 처해 있고, 부분적으로는 이용할 줄 알았던 요구와 제약들을 염두에 두어야만 할 것이다. 이러한 제약 요소들은 오히려 반대로 변화들을 촉진시켜야 하는 상황에서 현상 유지를 지속시키려는 집단이기주의와, 기득권의 보호에 대항하는 특히 사회적 대화에서 재발견된다. 시장의 굴욕적인 조건을 받아들이면서, 한편으로는 주주들과 다른 한편으로는 직원들과 미래 지도자들의 열망에 부응하는 현대적 기업의 개념이 될 것을 건설해야 할 것이다.

그러나 이것을 위해서는 기업들을 평가하는 기준들이 발전되어야 할 것이다. 사실 어떻게 기업의 지도자, 혹은 최고책임자가 다가올 몇 년 사이에 모든 요구 사항들을 하나도 저버리지 않고 다 충족시킬 수 있단 말인가!

3

엘리자베스 기구
유럽 외회의원

FORESEEN : 정치계에서 노출되고 있는 리더십의 위기를 어떻게 설명하시겠습니까?

엘리자베스 기구 : 모든 것을 혼동하지 않도록 주의합시다! 정치적 대표성의 위기가 있는 것이지 정치의 위기가 있는 것은 아닙니다.

정치의 위기에 대해 논하는 것은 부당합니다. 세속성, 유럽, 주요 경제정책 방향의 선택, 또는 세계화와 같은 사회의 주요 초점들에 대한 토론들에서 여론이 보여 주는 관심은 이것을 증명합니다.

우리 프랑스 사회는 '정치적인 것'에 대해 매우 민감한 반응을 보입니다. 우리 나라에서 정치적 리더십에 대한 이러한 깊은 열망이 존재한다면, 이 리더십은 어찌되었든 우리 나라의 문제들과 세계에서 프랑스의 지위와 관련하여 의미를 지니는 단호한 선택들에 기반을 두어야 합니다. 그렇지만 현실은 그렇지가 않습니다.

위기에 처한 것은 정치적 대표성입니다. 오늘날 정치행위의 범주는 국가단위일 뿐만이 아니라, 점점 더 많아지고 복잡한 근린적 에너지들을 규합하기 위해 지방적임과 동시에 유럽과 세계화와 더불어 초국가적이기도 한 상황에서 책임과 권한의 수준들을 정의하기가 현재는 더 어려워진 것입니다. 이로 말미암아 정치적 담화는 사회와 그 초점들과 관련하여 현실과 매우 동떨어진 상태로 남게 되었습니다. 정치적 대표성의 위기는 이러한 입장에서 이해되어야 합니다.

예를 들어 세계적·유럽적·국가적, 그리고 지방적 차원에서 동시에 해결책을 모색하지 않으면서 실업과 소외와의 전쟁을 선언하는 것이 무슨 소용이 있겠습니까? 이러한 모든 차원들을 통합하지 못하면 정치적 대표성은 위기에 처할 것입니다.

더구나 우리가 지금 겪고 있는 변동의 시기는, 그 중요성과 여파로 비추어 볼 때 금세기초의 산업혁명과 비교된다는 것을 잘 고려해야 합니다.

이러한 사실을 놓고 보면 정치책임자들의 역할은 따라가야 할 길을 제시하고, 다시 말해서 미래의 초점들에 대한 선명한 비전을 갖추며, 특히 일관된 가치들에 대한 선택에 근거해서 해결책들을 제안하는 것이 되어야 한다고 힘주어 말할 수 있습니다.

FORESEEN : 귀하의 의견에 따르면, 엘리트 위기는 따라서 우리 청사진들의 선명성이 부족한 것과 관련되는 것입니까?

엘리자베스 기구 : 목표들에 대한 선명성의 결핍은 물론 우리가 겪는 고충의 핵심을 이루고 있습니다.

예를 들어서 노동의 지위라는, 우리 민주주의와 관련하여 핵심적이고 근간을 이루는 주제에 대한 수준 높은 연구들이 대립하고 있습니다. 존 리프킨을 필두로 저명인사들은 저술을 통하여 노동의 종말이라는 사상을 발전시키고 있으며, 이렇게 되면 우리는 새로운 형식의 재분배와 사회조직을 모색해야 한다고 그들은 여기고 있습니다.

또 어떤 이들은 반대로 매우 드물기는 하겠지만, 노동은 우리 사회를 구성하고 인간의 존엄성에 필요한 하나의 요소로서 남을 것이며, 노동을 분배하고 작업시간을 다른 방식으로 나누어 가지며, 사회에서 서서히 부각되는 새로운 필요성들에 부응하는 새로운 종류의 노동을 창조하고 개발하기 위해 특정한 변화들을 장려해야 한다고 생각하고 있습니다. 이것이 바로 우리의 정치가 해결하고 적응해야 하며, 결국은 선택을 내려야 할 핵심적인 주제인 것입니다.

FORESEEN : 이러한 문제들은 프랑스 이외의 나라들에서도 존재합니다. 그리고 그럼에도 불구하고 우리의 엘리트 위기는 좀더 심각하다는 느낌을 받습니다. 이것이 귀하의 의견입니까?

엘리자베스 기구 : 첫번째로 가치들에 근거하게 될 선택들과 비교해서, 중기적으로 일관적이고 선명한 비전을 정의하는 데 있어 우리가 어려움을 겪고 있다는 것은 명백한 것으로 보입니다.

그리고 프랑스에 고유한 정치를 구현하는 문제가 있습니다. 지배하고 있는 것은, 실제로 아직도 권위주의적이고 중앙집권적이며 위계적이고 매우 가부장적인 리더십의 모델입니다. 그 모델은 흔히 남성들에 의해 구현된다는 점도 짚고 넘어가야 합니다. 이러한 상황은 결정을 취하고, 국민들에게 정보를 제공하는 문제 등과 관련하여 매우 구태의연한 정치적 행태들을 드러나게 합니다.

게다가 이 모델은 이제 낡은 것이 되었습니다. 이러한 리더십의 형식이 명백하게 후퇴하고 있는 대부분의 기업들에 있어서, 이것은 이미 알려진 일입니다. 몇 가지 제도적인 문제점들을 불러일으킨다고 해도 이것은 달라져야 하며, 이제는 정치 분야도 급속하게 변신을 추구해야 합니다.

상상력·창조력·분권화, 그리고 아주 단순하게 정치를 하는 방식이 현실이 되기 위해서는, 아직도 매우 불충분하다고 할지라도 최근 수 년 동안에 이루어진 부정할 수 없는 진보들을 부정하지는 맙시다. 이를 위해서는 정치적인 약속이 어떤 것이어야 하는 것과 정반대인 무기력한 합의를 옹호하기보다는, 새로이 토론을 진작시키고 사상과 청사진들의 부딪힘을 다시금 조성해야 합니다.

정치라는 것은 정치적이고 사상적인 선택의 여지들에 대해 토론을 하고, 그 선택 사항들 중에서 결정을 해야 하는 것입니다. 프랑스에서는 이것도 아니고 저것도 아닌데, 다시 말해서 중대한 선택도 없고 그 정치적·지적 그리고 통찰적인 정당성에 의해 인정된 이러한 형태의 정치적 권위도 더 이상 존재하지 않는다는 것입니다.

FORESEEN : 완전히 다른 비전, 흔히 여성적인 가치라고 규정하는 인간관계의 다른 관행들을 만들어 내야 할 필요가 있지는 않습니까?

엘리자베스 기구 : 그럴지도 모릅니다. 그렇지만 저는 여성적

인 가치들을 남성적인 가치들과 대립시켜야 한다고는 생각지 않습니다. 그러나 본질적으로는 정치적 대표성의 위기가 프랑스에서 더욱더 심각하고 여성들이 리더십에서 소외되어 있기 때문에, 정치적 대표성의 다른 모델에 대한 기대는 다른 나라들에서보다 프랑스에서 아마 더 강할 것입니다.

저는 특히 정부를 운영하는 우리의 방식을 심오하게 변화시키고, 오늘날의 사회학적인 변화들에 점점 덜 적응하는 것처럼 제게는 보여지는 권위적이고 중앙집권적이며 매우 가부장적인 모델을 변화시키기 위해 정치 분야에서 더 많은 여성들이 민의를 대변하는 문제에 대해 생각합니다.

FORESEEN : 정치의 대표성은 또한 매체들이 제공하기도 합니다. 매체들에게도 일부분의 책임이 있을까요?

엘리자베스 기구 : 아마 그럴 것입니다. 그리고 저는 매체들, 특히 시청각 매체들은 간혹 사실 자체에 대해 점점 덜 이야기하고 사실의 표상에 대해 점점 더 이야기하는 경향이 있다는 것을 발견합니다.

이것은 매우 우려되는 문제인데, 왜냐하면 현실과 가상을 이렇게 뒤섞음으로써 혼돈을 초래하기 때문입니다. 이러한 궤도이탈은 매우 해롭습니다. 학교폭력 문제를 시사화시키기 위해 영화라는 수단, 즉 픽션에 의존하는 것은 매우 심각합니다. 짜깁기를 하거나, 심지어 우범지역에서의 폭력을 보여 주기 위해 무기밀매에 대해 가짜 현장 취재 프로를 만드는 것은 더욱더 용인될 수 없습니다.

그런데 정치의 대상 자체에 해로운 이러한 변화들을 타파하는 대신에, 어떤 정치 담당자들은 그들 스스로 오로지 그들이 유발하게 될 매체적인 반향들과 여론조사 등만을 의식한 채 간혹 시스템을 움직이고 말하며 행동합니다. 이 모든 것은 해로우며 정치적 대표성을 불신하도록 만듭니다.

FORESEEN : 여성들이 더 많은 대표성을 가져야 한다는 것 이외에 어떤 해결책들을 촉구하십니까?

엘리자베스 기구 : 제도적인 성찰이 필요합니다. 예를 들어 공화국 대통령과 수상 사이의 권력 균형을 회복시키거나, 당선자들이 그들의 책무를 더 잘 수행할 수 있도록 하기 위해 겸임을 금지시키는 방안에 대해 연구할 수 있습니다.

효율성을 더 많이 도입해야 할 뿐만 아니라 투명성도 더욱더 제고해야 합니다. 장관직을 수행하면서 어떻게 지방단위의 행정업무를 병행할 수 있을까요? 어떻게 유럽 의회의원이면서 동시에 프랑스 의회의원일 수 있습니까?

우리는 공공행위의 조절 메커니즘이 갖는 지위에 대해서까지 성찰을 해야 합니다. 그것은 우파/좌파의 대립으로 드러납니다.

우리는 어떠한 사회를 건설하기 원하며, 완전한 자유주의 모델과 우리 좌파가 옹호하는 모델과는 어떤 차이가 있는 것일까요? 경제에 있어 금지되는 것과 규칙들은 어디에 있는 것일까요?

자유주의자들은 모든 것에 대해 시장의 법칙에 따름으로써 이 문제를 의도적으로 은폐했습니다. 반대로 사회주의자들은 간혹 극도로 계획경제적이며 권위적인 조절 메커니즘의 형태를 도입했었습니다. 우리가 재발견해야 할 것은 지방단위·국가단위, 그리고 유럽단위에서 공공 조절 메커니즘의 위치입니다.

FORESEEN : 엘리트 양성과, 그리고 그 선발과 관련하여 우리 시스템의 차원에서 몇 가지 변화가 있어야 하지 않을까요?

엘리자베스 기구 : 그 문제에 대해 저는 상당히 신중하고 싶군요. 어찌되었든간에 시스템은 필요합니다. 우리 시스템은, 모든 젊은이들은 그 사회적 출신에 상관없이 가장 훌륭한 교육제도의 혜택을 받을 수 있다는, 대혁명정신에 기원을 둔 능력주의를 기반으로 하고 있습니다.

그것은 다른 나라에서는 존재하지 않는 졸업장과 지능에 의한 선발제도입니다. 영국에서는 교육제도가 사회적 지위와 매우 연관되어 있으며, 미국에서는 유수대학들에서 재력에 의한 선발 방식이 널리 퍼져 있습니다.

이렇기 때문에 프랑스에서는 경험과 기질을 무시하고 졸업장에 부여되는 과도한 비중이 식별 기능을 하게 됩니다. 그러나 미래의 고위공무원들을 민주적으로 선발할 목적으로 1945년 설립된 국립행정학교처럼 우리의 그랑제꼴은 프랑스에 존재하는 깊은 불평등을 반영합니다.

또 다른 단점은 빵뚜플라쥬[공직에서 민간기업으로의 전직]입

니다. 단 하나의 학교에서 현재 정치·은행·보험사 등의 지도
자들을 양성하게 되고 마는 것이지요. 바로 이렇게 해서 특권계
급이 형성되는 것이고, 그것은 용인될 수 없습니다.

FORESEEN : 귀하의 의견으로는 정치 분야에 있어 리더들의 새
로운 프로필은 어떠한 것이 될까요? 그들은 어떠한 본질적인 가치들
을 구현해야 하는 것일까요?

엘리자베스 기구 : 이상적인 것은 연합할 수 있는 능력——말
하자면 주어진 목표를 중심으로 최대한의 사람들을 규합하고 동
원하기 위한 협력적인 전략을 수립하는 능력——과, 권위를 구
현할 수 있는 능력 사이의 균형을 찾는 일일 것입니다. 이러한
두 개의 조건들은 제가 보기에는 분리될 수 없는 것들입니다.
그것은 아마 프랑스가 그렇게도 애착을 가지고 있는 구세주
적 정치인의 종말일 것입니다. 우리의 체제는 아마도 가부장의
역할을 하는 잇달은 구세주들의 출현에 가장 오랫동안 너그러
웠던 민주주의일 것입니다. 일반적으로 불편한 관계 속에서도
공화국 대통령은 결정하고, 수상은 해결하는 역할을 맡습니다.

요약하자면 리더는 가치의 선택에 대해 비전을 지니며, 우리
가 살고 있는 세상에 대해 이해시켜 주며, 정치적인 선택을 제
안하며, 선택의 정의과정을 포함해서 가장 많은 사람들의 참여
를 불러일으키며, 그리고 마지막으로 그것이 인기가 없을지라도
결정하는 용기를 가지는 자일 것입니다.
저는 이 마지막 측면에 대해 강조하고 싶습니다. 리더가 된다
는 것은 결정하는 용기를 갖추는 것입니다. 그런데 오늘날은 마

치 우리가 초자연적인 힘에 의해 움직이는 것처럼 선택도 없고 결정자들도 없습니다.

그러나 주변적인 선동에 대해서는 주의해야 합니다. 정치성·대표성이 기능장애를 일으킬 때마다 엘리트의 반역이라는 주제가 특히 극단주의적이고 인기 영합적인 조류에 의해 도마에 올려졌습니다. 비판은 그것이 공정하다는 조건하에서 필요합니다.

FORESEEN : 우리의 연구들에 의하면, 미래의 엘리트는 보다 더 비전을 지니게 되고 보다 더 윤리의식을 갖추게 될 것입니다. 귀하는 새로운 엘리트들의 출현을 믿습니까?

엘리자베스 기구 : 물론이지요. 한편으로는 엘리트들 사이에 사회에서 정치의 이러한 필요성에 대한 인식이 있기 때문이며, 다른 한편으로는 많은 우리 국민들이 예를 들어 공공활동의 계시적 형태들 중 하나인 시민단체 분야에서 활동하고 가담하기 때문입니다.

이러한 시민단체적인 구조는 새로운 해결책들을 모색하고 실험하며, 연대성과 상부상조 의식을 일구어 나갑니다. 미래의 엘리트들도 바로 거기에 위치하는 것입니다.

FORESEEN : 미래의 리더들 또한 정당들에서 출현할까요?

엘리자베스 기구 : 물론이겠지요. 그리고 저는 그들의 단점들과 조직의 비대함에도 불구하고, 민주주의의 대체할 수 없는 매체로서 존속하는 정당들에 대해 주로 기대합니다.

이러한 측면에서 정치 엘리트의 양성과 선발에 있어 결정적인 역할을 행사하는 중간 매개체적인 구성체들(정당들, 노동조합들, 시민단체들……)을 약화시켜서는 안 됩니다. 미래의 정치 엘리트들은 바로 거기에 있습니다. 그러나 각자가 자신의 역할을 수행해야 하는데, 그들의 최우선 목표들을 정의하고 가치들을 기반으로 하는 미래에 대한 비전을 제시하는 것은 정당의 몫입니다. 그것은 정당들의 특별한 역할이며, 그것은 그 정당 리더들의 역할이 되어야 합니다.

4

장 비아르
정치학자

FORESEEN : 우리 사회의 엘리트 위기를 무엇 때문에 설명해야 하고, 또 어떻게 설명할 수 있겠습니까?

장 비아르 : 단어의 뜻에 주의하도록 합시다! 저는 특히 정치 세계에 있어 엘리트 위기를 논의하는 것이 정확하다고 생각지 않습니다. 실제로 그것이 사실이라면, 정치적인 것에 대한 거부 현상과 공적인 것에 대한 여론의 무관심 현상이 나타났었을 것입니다.

이러한 관점에서 볼 때, 이 주제에 접근하면서 우리는 너무 자주 문제의 표면에 머무르곤 합니다. 공적인 윤리와 동떨어진 행태들과, 국민에 의해 선출된 당선자들에 불과하다는 것을 잊어버린 자들에 대한 여론의 혹독함과, 실제로 일정한 회의주의를 불러일으키는 공동체적 청사진을 주도함에 있어 엘리트들이 겪는 객관적인 고충을 혼돈하지 말아야 합니다. 귀하의 표현을 빌리자면, 엘리트 위기는 명백하게 이러한 현상에 기인합니다.

이미 몇 년 전부터 주된 고충은 엘리트들이 우리 사회의 변동들과 관련한 전망을 제시할 수 있는 능력이 없다는 데, 다시 말해서 미래의 역사를 써나가고 그것을 설명하며 그들이 변화의 과정들을 통제할 수 있다는 느낌을 주지 못한다는 데 기인합니다.

세계는 변하고 우리 사회는 움직이고 있지만, 우리 엘리트들은 그러한 상황의 정도를 실제적으로 측정하고 각자가 느끼는 것을 설명하며, 그리고 특히 새로운 전망들을 그려 나가는 데 어려움을 겪고 있습니다. 따라서 이렇듯 그 실제적 여파를 더 잘 이해할 수 있는 불안감이 확실히 존재하는 것입니다.

FORESEEN : 이 경우에 귀하의 생각으로는 엘리트에 대한 이러한 회의를 불러일으키는 주된 이유들은 무엇입니까?

장 비아르 : 정치 엘리트들, 또는 보다 넓은 범주에서 리더십을 구현하는 모든 자들은 현재의 난관들을 조성하는 세 가지 현상들에 직면해 있다고 저는 생각합니다. 우선 정치 분야에 있어 전통적인 개입의 영역을 역설적이게도 축소시키는 세계화와 더불어 적용 범위의 변화가 있습니다. 이 문제에 대해서는 잠시 후에 다시 설명을 하지요. 또한 노동과의 관계, 그리고 그에 따라서 사람들 사이의 인접성과 연대성의 관계들을 뒤집어 놓는 중요한 사회인구적인 변화들이 있습니다. 마지막으로 시간과의 관계에 연결된 모든 변화들이 있는데, 왜냐하면 어느 누구도 자신과 자식들을 위한 진보에 대해 더 이상 확신을 가지고 있지 않기 때문입니다. 이것이 바로 최근 사람들이 사회 상승의 종말이라고 불렀던 것입니다.

이 모든 것들은 안정스럽고 거의 변동이 없으며, 각자가 준거의 기준으로 삼을 수 있는 모델을 기반으로 지금까지 존재해 온 정치 엘리트들의 리더십을 심오하게 수정시키고 있습니다.

FORESEEN : 엘리트들이 어떻게 사회에서 그들의 리더십을 다시 회복할 수 있을까요?

장 비아르 : 제 견해로는 국가가 매체들·경제·사법·문화 등을 동시에 통치하는 자코뱅당식의 중앙집권적인 프랑스 모델에서는, 그들의 리더십을 회복하지 못할 것입니다. 이 모델은 난관에 봉착해 있으며, 그 모델의 잔해가 극단주의·집단이기주의, 그리고 개인주의 대두의 근본 원인을 이루고 있습니다.

오늘날에는 매우 다른 성격을 지닌 상이한 모델들이 태어나고 있습니다. 그런 이유로 엘리트들이 과거처럼 동일한 형식의 리더십을 행사하기 위해, 미래에도 게임의 중심에 복귀할 수 있을 것인가는 확실치 않습니다. 제가 위에서 말한 바와 같이, 어쨌든지간에 정치는 협상, 법의 개념 정의, 정의, 안전보장 등이 논의되는 근본적인 자리로서 남게 될 것이라고 사람들이 항상 그렇게 여겨야만 한다고 할지라도, 세계화와 더불어 국내 정치의 장은 언젠가는 명백하게 축소될 것입니다.

그러나 이러한 질문 뒤에는 본질적으로 가족, 마을, 직업 분야, 조국, 대륙 등에 대한 소속감과 관련된 깊은 위기가 있는 것입니다.

과거에 프랑스 공화국 모델은 유일한 소속감을 형성시키는 것을 목표로 했었습니다. 오늘날 이러한 소속감들은 다양합니다. 한 국가의 부를 형성시키는 것은, 제휴와 여러 가지 다양성들의 존재에서 비롯되는 집단적 역동성인 것이지요.

우리는 그와 동일한 현상을 세계 도처에서 발견합니다. 정치의 장은 영토를 기준으로 도처에서 재구축되고 있습니다. 전통의 대도시였으며, 동시에 현대성의 대도시인 지금의 대도시들에서 말입니다. 우리가 예를 들어 국가별로 입장들·정치들, 그리고 법률의 규칙들——사형제도를 한 번 살펴보십시오——에 있어 다양성의 증대 현상을 발견하는 것은, 카탈루냐·이탈리아·벨기에·영국 그리고 물론 미국의 모델들에서입니다.

근본적인 문제는, 이러한 새로운 편성체제에서 공간적인 개념이 어떠한 방식으로 소속감을 감쌀 수 있는 그의 능력을 다시 회복시킬 수 있느냐는 것입니다. 만약 미래에 사람들의 삶과 대체적으로 일치하는 공간적인 기준의 중요성을 인정하기를 거부한다면, 정치 엘리트들은 실제적인 초점들을 제대로 파악하지 못할 것입니다.

이러한 점에서 우리 프랑스는 매우 뒤처져 있습니다. 우리가 소속감의 또 다른 기준들을 인정해야만 할 이 시점에 유일한 준거의 틀은 계속 국가로 남아 있습니다.

FORESEEN : 프랑스에서 정치 엘리트들의 양성과 관련된 특별한 문제라도 있습니까?

장 비아르 : 매우 솔직하게 말씀드려서 어떤 이가 국립행정학교를 나왔다는 것은, 그를 아마 엘리트의 구성원으로 인정받도록 할 것이지만, 동시에 그를 엘리트에서 제외되도록 하기도 합니다. 진정한 질문은 그가 그것말고 무슨 다른 일을 했느냐는 것을 알아내는 것입니다! 우리는 점점 더 다양한 경험들이 혼합된 사회로 나아가고 있습니다. 이것은 기업들에서는 이미 흔히 볼 수 있는 경우입니다.

예를 들어 오늘날 국회에서 국민 중에 노동자들을 대표하는 수준은 어느 정도입니까? 공산주의자들이 망한 이후에는 그 수준이 매우 미약합니다. 20년대 혹은 30년대에는 농촌지역이 같은 방식으로 사라졌었던 것입니다.

따라서 제 견해로는 진정한 문제는 엘리트의 동질성에 있는 것이지, 있는 그대로의 그들의 윤곽에 있는 것이 아닙니다. 우리의 엘리트들이 오늘날처럼 모두 국립행정학교 출신으로 형성될 때, 커뮤니케이션 방식과 엘리트 개편의 방식은 바로 국립행정학교에서 학습된 방식이 될 것입니다.

만약 이질 문화의 혼합을 장려하지 않으면, 어떤 집단들이 어떠한 면에서 권력을 탈취하는 한──그들의 기술적인 능력은 물론 여기에서 문제가 되는 것이 아닙니다──사회는 그 스스로가 새로운 엘리트들을 양산할 것입니다. 국민전선(프랑스 극우정당)은 오늘날 그것이 좋게 받아들여지든 그렇지 않든, 현재의 지도자들이 역사를 강력하게 주도할 능력이 없으므로 해서 발생한 행동의 영역을 가지고 있기 때문에 새로운 엘리트들을 대두시키고 있습니다.

FORESEEN : 귀하의 견해로는 엘리트들이 그들의 리더십을 회복하기 위해 갖추어야 할 자질들은 무엇입니까?

장 비아르 : 매우 난해한 문제입니다. 저는 단지 정치라는 것이 사람들을 사랑하는 기술이라는 것만 알고 있을 뿐입니다. 사람들을 사랑할 때, 어떠한 지역을 사랑할 때, 이 지역들이 아름다워지기를 기대하고 사람들이 희망을 가지기를 기대할 때 우리는 정치로 향합니다. 엘리트의 지위를 가진다는 것은, 사람들

이 더 잘 살 수 있도록 도와 주는 무거운 책임을 담당하는 것입니다. 권력을 지니고 있는 자와 사회와의 이러한 종류의 관계는 너무도 흔히 잊혀지고 있습니다. 정치 엘리트의 임명은 선거를 통해 이루어지며, 책임자가 그런 방식으로 임명되는 유일한 직업 분야라는 사실을 저는 다시 한 번 주지시키고자 합니다. 따라서 타인과의 매우 특별한 관계가 존재해야만 하는 것입니다. 그러나 프랑스 문화에 있어서 국가와 국민과의 관계는 권위주의적인 정치 형태들, 게다가 여성들이 정치 문화에서 자리매김을 하기가 어렵게 만드는 다소 폭력적인 정치 형태들을 양산하였습니다.

그리고 이어서 엘리트들이 하나의 청사진을 제시하는 것이 필요합니다. 다시 말해서 정치는 현실을 신화 속으로 접목시키는 기술인 것입니다.

프랑스에서 우리는 프랑스 신화의 장점, 프랑스 혁명의 장점, 그리고 보편적 국가의 장점과 같은 이러한 멋진 장점을 가지고 있습니다. 바로 이러한 것에서부터 출발하여 우리 나라가 형성된 것입니다. 따라서 문제는 이러한 신화가 오늘날의 현실과 어떻게 접목되느냐는 것을 알아내는 데 있습니다. 그런데 우리는 정치가들이 국가에 대해서 이야기하거나, 어떤 또 다른 정치가들이 공화국에 대해서 이야기하거나, 어떤 정치가들이 견실한 경영 또는 경제에 대해 이야기하는 것을 듣지만, 그들의 행동들과 그들의 담화들을 통하여 프랑스의 이 신화를 구현하는 정치인들은 많지 않습니다. 현대성이라는 것은 사람들이 매일 이야기하는 국제적 초점들, 세계화, 이동성 등과 관련하여 무엇을 말해야 하느냐는 것을 알려고 노력하는 것입니다.

FORESEEN : 불안정하고 불확실한 세계에서 보다 보호 능력을 높이려는 인접성의 관계들이 필요한 현실이 세계 도처에서 등장하고 있는 현재의 상황에서, 귀하는 국가의 신화에 대해 말씀하셨습니다.

장 비아르 : 오늘날의 정치세계는 지방적인 차원과 세계적인 차원에서 동시에 만족을 가져다 주어야 하는 필요성에 몰두해 있습니다. 다시 말해서, 인접성의 관계와 사회에 대한 청사진을 동시에 만족시켜야 하는 필요성이지요. 도식적으로 말하자면, 과거에는 사람들이 자본과 노동이라는 한 쌍의 개념에 대해 이야기했습니다. 이제부터의 초점은, 더구나 언론매체들의 영향력이 극도로 확장된 세계에서 로컬하며 동시에 글로벌한 것입니다. 그런데 매체화된 사회들은 매체들과 돈의 권력이 증대됨으로써 간혹 위험하기도 한, 개인들 사이의 또 다른 관계방식을 만들어 낸다는 것이 사실입니다. 정치와 시민을 연결시켜 주는 주된 역할을 매체가 하게 됨으로써 매체들로부터의 독립은 따라서 핵심적인 관건이 됩니다. 매체화된 사회에서 정치관계를 어떻게 형성하고, 가능한 한 민주주의를 어떻게 보호할 것인가 하는 문제는 온전히 남습니다.

5

알랭 드 뿌질락
Havas Advertising 그룹의 회장

FORESEEN : 리더십의 위기를 어떻게 설명하십니까?

알랭 드 뿌질락 : 주된 이유는 경제적·기술적 측면에 있어 우리 사회, 그리고 생활양식들의 본질적이고 가속화된 변화들일 것입니다. 과거에는 우리의 것으로 유효했던 지표들이 오늘날에는 변했습니다. 한꺼번에 많은 사람들이 불안하게 되었으며, 미래에 대해 의구심을 갖고 그들의 리더들에게 그들을 인도하고 방향성과 지표들을 제시할 것을 과거보다 더 많이 요구합니다. 그러나 그럴 능력이 있다고 생각되던 리더들의 다수는, 그들 역시 혼돈스러우며 불행하게도 그들 중의 어떤 자들은 의구심조차 갖지 않고 있기도 한데 이것이 최악의 경우인 것이지요!

여기에서 바로 심각한 신뢰의 위기가 발생하는 것입니다.

이것은 근본적으로 다음과 같은 첫번째 결론을 내리게 합니다. 리더가 되는 것은 포고되는 것이 아니다. 리더십은 무엇보다도 매일매일의 생활에서 드러나야 하는 것이다.

리더는 여러 가지 자질들을 균형 있게 지니고 있어야 합니다. 우선 자신의 분야에서 뛰어난 능력뿐만 아니라, 미래에 대한 비전을 갖추면서 전문적인 노하우를 지니고 있어야 합니다. 그는 정복하고 승리하며 외부를 향해 촉수를 돌리고 있어야 합니다. 그리고 나서 그는 관용과 경청·정신력, 그리고 자신을 되돌아 보고 자신과 자신의 행동에 대해 책임을 지려는 의지를 갖춘 인간으로서 진실된 자질들을 겸비해야 합니다.

리더는 이러한 모든 능력들을 자신에게 적합한 비율로 조절해서 나타내야 합니다. 그런데 어떤 리더들은 이러한 자질들 중 한 부분에만 집중을 하기도 합니다.

스포츠에서 수 년에 걸쳐 챔피언 양성 '공장'에서 '만들어 낸' 구동독의 스포츠 선수들, 자칭 리더들이라는 근육을 형성시키기 위해 약물을 이용한 사람들의 예를 기억해 봅시다. 우리는 그 사건의 결말을 비롯해, 기술적·인간적으로 필요한 균형과 진정한 챔피언들을 양성하는 책임감을 잊어버린 그러한 시스템의 파국이 어떠했는지 알고 있습니다. 누가 아직도 이 스포츠맨들을 기억하고 있습니까? 아무도 없습니다.

반대로 지난 50년 동안 족적을 남긴 챔피언들은 모두 프로의 능력과 인간적인 자질 사이의 이러한 균형을 이루고 있습니다. 제시 오웬스·코피, 또는 안케틸·플라티니·리브와 많은 다른 스포츠맨들은 이러한 성격들을 지니고 있습니다. 앙투안 블로댕, 또는 장 라꾸뛰르가 위대한 리더라는 것이 무엇인가, 그리고 전세계 젊은이들에게 그들이 의미하는 바가 무엇인가를 멋지게 보여 주었다면 그것이 우연일까요?

FORESEEN : 리더십의 위기를 촉진시킨 요인들은 무엇입니까?

알랭 드 뿌질락 : 그것은 우선 근본적으로 우리의 교육제도와 연결된 문제라고 생각됩니다. 학교는 지능을 개발하고 우리의 잠재능력과 반응성을 일깨우며 노동에 대한 가치를 부여하지만, 그곳은 또한 반대로 인격과 관용·경청 또는 성격에 대해서는 소홀히 합니다. 그때부터 미래의 리더를 형성시키는 50%의 자질들은 고려가 되지 않는 것이지요.

그것은 오늘날 실업의 증가 특히 청소년 실업, 전반적인 경제적 불안정, 그리고 시장의 세계화에 영향을 받은 어려운 경제적 환경으로 인해 더욱 악화되었습니다.

FORESEEN : 귀하는 그러한 현상이 지속적이고 근원적이라고 생각하십니까?

알랭 드 뿌질락 : 저는 이러한 엘리트 위기가 매우 상황적일 뿐이라고 생각합니다. 이미 그 위기는 프랑스·독일 혹은 미국의 경우에서 동일하지 않게 나타난다는 것을 기억해야 합니다. 위기는 우리에게서 더 심각하며, 그것은 우리의 리더들이 우리나라는 다른 많은 국가들 중의 하나일 뿐이며, 문화적 관점에서뿐만 아니라 경제적 관점에서도 점점 더 세계화와 무역자유화에 개방된 나라라는 것을 인식하지 못하는 한 지속될 것입니다. 따라서 우리는 이 경주에서 승리할 수 있도록 우리를 도와 줄 선도자들을 선택해야 하며, 이들은 반드시 10세에서 26세 사이에 학교의 또 다른 경쟁에서 승리했었던 자들이어야 할 필요는 없습니다.

그러나 명료한 태도를 잃지 맙시다! 어떠한 상황이 생겨나든

지간에 엘리트들은 항상 존재할 것입니다. 앙시앵 레짐하에서 이 '신분'은 아버지에서 아들로 세습되었습니다. 그것은 생득권이었지요. 그러나 이러한 신분귀족과 귀족계급은 물려받은 특권들로 인해 몰락했는데, 그들이 그 결과들을 항상 인정하는 것은 아니었습니다. 오늘날은 다행스럽게도 어떤 사람이 리더가 되는 것은 생활내에서, 현장에서, 그리고 그의 행태에 의한 것입니다.

우리는 모두 리더들이 필요합니다. 어떠한 사회도 인도되지 않고서 승리한 사회는 없습니다. 따라서 진정한 주제는 프로적이며 인간적인 균형을 이루고, 이러한 자질들을 갖추고 있으며 그들의 모든 책임들을 수행할 남녀들을 찾아내는 것입니다.

FORESEEN : 이러한 리더십의 위기에 대처하기 위해 어떠한 해결책들을 권장하시겠습니까?

알랭 드 뿌질락 : 기업에서 지도자들은 비전과 구체적인 청사진을 지니고, 자신들의 주위에 인재들을 불러모을 수 있으며, 남녀 공동체에 활력을 불러일으키고 그들에게 이 청사진에 대한 믿음을 심어 줄 수 있는 자들이어야 합니다. 그들은 다른 사람의 이야기에 귀를 기울일 줄 알아야 하고, 자신들을 부정할 줄 아는 겸손을 지녀야 하며, 자신의 분야에 정통해야 하고, 그 분야를 느끼고 사랑해야 합니다. 마지막으로 그들은 선택의 기로에서 결정을 해야 하며, 그 모든 결과를 감당해야 합니다.

FORESEEN : 기업에서 권력은 능력에 의해 얻어져야 한다고 말씀하시겠습니까?

알랭 드 뿌질락 : 사실 저는 능력을 믿습니다. 가장 공로 있는 자는 당연히 권력을 차지하게 될 자입니다. 그는 자신의 작업과 그 결과들, 그리고 인간적인 자질들에 의해 불러일으킬 줄 알게 될 인정 덕분에 리더가 될 것입니다. 따라서 그것은 모두에게 기준점이 될 것입니다. 그러나 저는 중요한 한 가지 면에 대해 강조하고자 합니다. 그것은 바로 기업에서는 문제가 단지 경제적인 성공만이 아니라는 것입니다.

치열한 경쟁에 노출되어 있는 세계에서는 국제시장에서의 경쟁이 점점 더 끊임없이 거칠어지며, 따라서 이러한 면에서 경제적 성공이라는 것은 핵심적인데 성공이라는 것이 단지 고용을 보장해 주기 때문에 그런 것일까요? 그러나 리더는 또한 시스템의 가운데에, 기업생활의 중심에 인간을 다시 자리매김하는 자입니다. 인간적인 면, 카리스마, 관용 또는 연대성은 저에게 있어서는 주된 기준들로 여겨집니다. 나는 "결정에 대해 책임을 지고 용기를 갖는 것은 똑같이 마찬가지로 핵심적이라고 여겨진다"고 다시 한 번 강조합니다.

FORESEEN : 양성의 측면에서 이것이 의미하는 것은 무엇입니까? 학교들이 리더들의 교육에 필요한 다른 기준들을 고려하도록 하기 위해서는 무엇을 예측해야 합니까?

알랭 드 뿌질락 : 기업세계와 학교세계가 훨씬 더 조화를 이루며 작동할 수 있도록 해야 합니다. 우리 나라에서 만들어 낸 그대로의 일반 교육은 이론의 여지없이 지능의 일정한 자질들을 개발하고, 문화 일반에 대해 상당한 수준을 지니고 있는 젊

은이로 하여금 전문과정에서 벗어나게 합니다. 그러나 이것은 세계적인 경쟁의 차원에서 보면 불충분합니다.

기업을 좀더 잘 알기 위해, 가장 높은 의사결정 지위에 도달하기 위해, 그리고 혼자 힘으로 승진의 계단을 기어 올라가기 위해서는 기업내에서 수련을 하는 것이 필요 불가결합니다. 그러면 우리는 직업적인 동시에 인간적으로 훌륭한 진짜 리더들을 발굴할 것입니다. 이러한 두 가지 자질들을 지니고 있지 않으면 자연적인 리더로서 인정받을 수 없는 것입니다.

FORESEEN : 우리 연구소에 의하면, 여론은 새로운 종류의 리더를 기대하고 있는 것 같습니다. 귀하의 견해로는 그 새로운 리더의 프로필이 어떤 것일까요?

알랭 드 뿌질락 : 저는 문제의 본질이 이러한 수준에 위치한다고 생각지 않습니다. 기대되는 리더의 새로운 프로필을 그리기 위해 FORESEEN 연구소의 연구가 밝혀낸 리더의 자질들이 항상 우세했었습니다. 제 견해로는, 엘리트 위기는 어떠한 리더들이 자신들의 책임 감각을 상실했다는 사실에 훨씬 더 기인합니다. 저는 새로운 엘리트들에게 요구되는 새로운 자질들이 생겨날 것이라는 생각을 믿지 않습니다. 이 자질들은 시대와 연관되어 변천하지만, 근본적인 자질들은 결국 상당히 유사하게 남을 것이라고 말하는 것이 바람직하리라 여겨집니다. 이 자질들은 제가 이미 언급한 것들입니다.

FORESEEN : 신뢰를 회복시키기 위해 어떻게, 어떠한 노력을 하시겠습니까?

알랭 드 뿌질락 : 책임을 지고 그것을 보여 주는 노력이 요구됩니다. 저는 격려와 제재 같은 본질적인 가치들에 대한 믿음을 가지고 있습니다. 기업을 운영하는 것은 직원들, 고객들, 주주들, 경쟁사들 앞에서 책임을 지는 것입니다. 투명해야 하며, 속임이 없이 자기 행동의 결과들에 대해 부정적이건 긍정적이건 책임을 진다는 것을 보여 주어야 합니다. 경영자가 된다는 것은 명백하게 이런저런 혜택을 가져오지만 자신의 책임들을 잊어서는 안 됩니다.

FORESEEN : 귀하로서는 따라서 국민의 신뢰라는 것은 제재, 또는 정의와 직접적으로 연결되는 것인가요?

알랭 드 뿌질락 : 그렇습니다. 만약 누가 내게 '법은 당신에게는 해당되지 않고' 단지 다른 사람들에게만 적용된다고 말한다면, 당신은 제가 무슨 이유에서 노력을 기울이는 것이라고 생각하시겠습니까? 리더가 되는 상황은 책임감들을 부여받고 다른 사람보다 더욱더 나무랄 데 없기를 요구합니다. 모든 사람들에게 적용되는 법률들, 규칙들, 그리고 집단적 계약이 있습니다. 무엇의 이름으로, 무슨 법규들의 이름으로 리더들이 그것들을 피할 수 있을까요? 그렇다면 그것은 특권들과 유사한 것일 뿐입니다. 따라서 리더는 나무랄 데 없을 뿐만 아니라 더 나아가 만인의 모범이 되어야 하는데, 그렇지 않으면 어떠한 규칙도 더 이상 정당화될 수 없다는 것을 저는 덧붙이고자 합니다.

FORESEEN : 신뢰의 회복은 도덕을 구현하는 사람들에 의해 진행될까요?

알랭 드 뿌질락 : 도덕을 구현하고, 게임의 규칙들과 그 결과 들을 받아들이는 자들이겠지요.

FORESEEN : 가사와 몸짓으로써 경찰관들을 비판하는 젊은 가 수들을* 제재하면서 도덕률로의 복귀를 말할 때, 귀하는 어떻게 반응 하시겠습니까?

알랭 드 뿌질락 : 우리 각자는 게임의 규칙들을 받아들여야 만 합니다. 사회 안에서 당신의 위치, 또는 당신의 역할을 통하 여 다른 사람들에게 더 큰 영향력을 행사할 때는 그러한 자세 가 훨씬 더 명백해지고 필요해집니다.

법 앞에 만인의 평등은 민주주의의 기초 자체입니다. 그러나 이것을 가장 잘 일깨워 주는 자들은 선도자의 역할을 맡은 자 들입니다. 사람들은 흔히 문제를 혼돈하고 있습니다. 우리는 법 규에서 벗어나게 되면 제재를 받아야 합니다. 어떤 젊은이들, 특 히 대도시 근교지역의 젊은이들이 이해하지 못했던 것은 사건 의 발단이 된 NTM 그룹은 제재를 받고, 국민전선 당수인 르펭 은 인종의 불평등을 찬양했을 때 제재를 받지 않았다는 것입니 다. 우리는 법 앞의 대우가 불평등한 상황을 은밀하게 만들었기 때문에 여기에는 사실 무엇인가 몰상식한 면이 있습니다.

FORESEEN : FORESEEN 연구소에 따르면, 이러한 새로운 엘리 트는 보다 비전을 지니고 보다 도덕적인 프로필을 갖추게 될 것입니

---

* 프랑스의 한 보컬 그룹이 경찰을 비하하는 곡을 불러 사회적으로 논란이 된 적이 있다.

다. 이 새로운 엘리트들이 다가오는 것을 느끼고 계십니까? 그들은
어떠한 방식으로 등장하고 자신들의 존재를 인정받을 것이라 생각
하십니까?

　　알랭 드 뿌질락 : 물론입니다. 이미 그런 엘리트들을 많이 보
고 있습니다! 우리는 자주 엘리트 위기라는 이러한 주제를 끄
집어 냅니다. 우리 사회가 미래에 대해 불안감을 느끼고 있다는
것은 사실이지만, 문제를 과장해서 심각하게 생각해서는 안 됩
니다. 아마 우리가 사람들이 느끼는 불안의 정도를 너무나 잘못
가늠했기 때문에, 우리 행동들에 있어 더 많은 지표들과 의미들
을 부여해야만 했다는 것을 우리 모두 알고 있을 것입니다. 이
것은 기업세계와 마찬가지로 공직에서도 똑같이 적용되는 사실
입니다. 목표를 설정하고 그것이 받아들여지도록 만들며, 성공
하지 못했을 경우에는 개인적으로 그 결과에 대해 책임을 질
준비가 되어 있어야 합니다. 그것은 명백한 것입니다! 저는 우
리가 위에서 언급한 리더십 책임감과 가치추구 능력이 있으며,
우리 나라에서 뿐만 아니라 세계 무대에서도 성공하는——천성
적으로 리더로서의 이러한 덕목들을 지니고 있는——많은 기업
경영자들을 만납니다.

역자 후기

이 글은 프랑스 Havas 그룹 산하 FORESEEN 연구소의 연구 결과를 위주로, 21세기를 이끌어 나갈 엘리트들의 프로필에 대한 기대와 조건 분석을 시도하고 있다. 불미스러운 사건들로 얼룩진 이 시대 엘리트들의 실추된 신뢰를 회복하는 것이 급선무라는 것을 강조하며, 이를 바탕으로 새로운 청사진을 제시하고, 이를 실현시키기 위해 사회 구성원들을 설득시키는 노력의 중요성과 엘리트 충원이 '국립행정학교'라는 국가 교육기관을 통해 거의 대부분이 이루어지는 상황의 폐해에 대해서도 지적하고 있다.

본서에 인용된 바와 같이, 엘리트는 '가장 훌륭하고 가장 뛰어나다고 여겨지는 사람들의 그룹'으로 정의된다. 그러나 일반적으로 엘리트는 국가단위에서 논의된다. 따라서 이 책의 내용은 단순히 보면 엘리트의 생존전략이지만, 다른 차원에서 보면 한 국가의 생존전략이기도 하다.

국가의 존립과 번영을 보장하기 위해 형성된 소수의 엘리트가 특권계급화하여 현실에 안주하거나 제 기능을 수행하지 못함으로써 생겨나는 부정적인 현상들이 없지는 않지만, 그러한 우려에서 엘리트층을 부정할 수는 없다. 왜냐하면 엘리트는 존재할 수밖에 없고 존재해야만 하기 때문이다. 그것은 마치 인간들이 모여 구성한 사회에 상품의 교역을 담당하는 사람들이 필연적으로 존재하고, 존재해야만 하는 이유와 다를 바 없다.

그렇다면 보다 구체적으로 엘리트들이 담당하고 있는 역할은 무엇일까? 그것은 우선 엘리트 자신들이 미래에 대한 비전을 가지고 나아가 국민의 기대에 부응하는, 즉 공동체적인 차원에서 희망을 실현시키는 일이다. 개개인의 희망과 그들이 구성하고 있는 공동체의 희망은 다를 수 있다. 같다고 해도 우선순위가 다를 수 있다. 엘리트는 이러한 상황을 조정하고 공동체의 희망을 결집시켜 그것을 청사진으로 제시할 수 있는 능력이 있어야 한다. 그러나 모든 희망들이 실현 가능한 것은 아니다. 희망한다는 것과, 또는 그것을 실현시킨다는 것은 전혀 별개의 문제로 공동체 구성원들이 간절히 희망한다고 다 실현되는 것은 아니다. 비정할지 모르지만 희망은 필요조건이지 충분조건이 아니다. 따라서 엘리트의 역할은 우선 개개인의 희망들을 결집시켜 그것을 하나의 청사진으로 제시하며, 다음으로 그것을 실현 가능케 하는 일이다. 물론 이러한 두 가지 과제를 위해서는, 앞서 말했듯이 엘리트들에 대한 공동체의 신뢰가 핵심적인 요소가 될 것이다. 또한 잊지 말아야 할 것은, 무척이나 중요하고 유익한 정책이라 할지라도 그것이 공동체 구성원들의 합의에 기반하지 않으면 그 정책은 실현되기 어렵다는 것이다. 따라서 엘리트들은 결정과정에서의 민주적 절차뿐만 아니라, 그 정책을 실현시키는 데 있어 유효한 지지를 확보하기 위한 설명과 설득의 작업을 게을리하지 말아야 한다.

19세기말부터 20세기초를 거치면서 조선은 세계 조류에 동참하지 못하고 일본의 식민지로 전락하게 된다. 이는 일제침략에 의한 식민시기의 피해뿐만이 아니라 분단의 원인을 제공하는데,

그에 따른 민족적 고통은 아직까지 이어지고 있다. 해방 이후 대치 상황에서 현재까지 지불하고 있는 물질적·정신적 비용은 이루 말할 수 없다. 경제 외적인 비용은 제외한다 하더라도, 50년 이상 매년 국민총생산액의 30~50%를 남북한이 공히 낭비해 버린 셈이다. 당시 한반도에서 평화롭게 옹기종기 살고 있던 우리 선조들은 인간적으로 많은 미덕들을 지니고 있었겠으나 무참히 짓밟히고 말았다. 그 책임은 누구에게 있는가? 이러한 상황을 만들어 놓은 것은 당시 엘리트들의 미숙, 혹은 책임이라고 할 수밖에 없다. 당시 엘리트들이 얼마나 도덕적이고 청렴했는지 모르지만, 개화를 함으로써 '양놈들의 돼먹지 못한 문화'가 쳐들어와 민족의 문화가 퇴폐스러워지는 것에 대해 얼마나 우려를 했는지 모르지만, 또한 엘리트들 각각의 명분은 얼마만한 타당성을 가지고 있었는지 모르지만, 그들이 나라와 백성을 얼마나 사랑했는지 모르지만, 불행하게도 역사는 그 엘리트들의 전반적인 실책을 말해 주고 있다. 엘리트들의 실책은 반드시 그들이 취한 악하거나 옳지 못한 행위에 의해서 만들어지는 것만이 아니다. 많은 경우에 있어 고집스럽거나 명분에만 집착하기 때문에 상상치 못할 재앙이 도래할 수도 있다. 대부분의 사람들이 동의하리라 믿지만, 우리는 조선 후기의 엘리트들이 게으르거나 탐욕스러웠다고 생각하지는 않는다. 그러나 그들은 고집스러웠으며 명분에 너무 집착했고, 눈이 파란 서양인들이 하는 일에 대해 무관심 또는 무시했다. 그러한 상황에서 일본의 침략에 대해 시기적절하게 대처할 수 있는 여건을 조성하지 못했던 것이다.

놀랍게도 21세기를 앞두고 있는 현재의 상황도 그리 다를 바가 되지 못한다. 특히 공산권의 패망과 세계화의 가속화, 그리고 과학기술의 급속한 발전에 따른 혼란한 상황에서 엘리트의 역할은 더욱더 중요해질 수 있다.

이제 새로운 천년을 맞이하며 현실적인 청사진을 제시하고, 국민과 함께 그것을 실현시켜 나갈 수 있는 엘리트의 출현을 기대해 본다. 국민이 나태해서 엘리트의 충고 또는 조언을 따르지 않는다면 몰라도, 반대로 국민은 어디로든지 열심히 갈 준비가 되어 있는데 막상 어디로 어떻게 가야 할지를 알려 주는 사람들이 없다면 이보다 안타깝고 억울한 일이 어디 있겠는가……. 프랑스라는 먼 나라의 엘리트들이 진지한 성찰을 통해 자신들의 위기와 그 극복, 즉 생존전략을 분석한 이 책을 통해 우리 나라의 엘리트에 대한 질책과 애정의 다양한 담화들을 새로이 형성시켜 나가는 데 일조가 되었으면 한다.

1999년 6월 김 경 현

김경현
서울대 불어불문과 졸업.
파리7대학 대학원 박사학위 취득.

현대신서
1

21세기를 위한 새로운 엘리트

초판발행 : 1999년 6월 20일

지은이 : FORESEEN 연구소
옮긴이 : 김경현
펴낸이 : 辛成大
펴낸곳 : 東文選
제10-64호, 78. 12. 16 등록
서울 종로구 관훈동 74번지
전화 : 737-2795
팩스 : 723-4518

편집설계 : 박연미·한인숙

ISBN 89-8038-073-3 04300
ISBN 89-8038-050-X (세트)

【東文選 現代新書】
1. 21세기를 위한 새로운 엘리트　FORESEEN 연구소 / 김경현　7,000원
2. 의지, 의무, 자유　L. 밀러 / 이대희　6,000원
3. 사유의 패배　A. 핑켈크로트 / 주태환　7,000원
4. 문학이론　J. 컬러 / 이은경·임옥희　7,000원
5. 불교란 무엇인가　D. 키언 / 고길환　6,000원
6. 유대교란 무엇인가　N. 솔로몬 / 최창모　6,000원
7. 20세기 프랑스 철학　E. 매슈스 / 김종갑　8,000원
8. 강의에 대한 강의　P. 부르디외 / 현택수　6,000원
9. 텔레비전에 대하여　P. 부르디외 / 현택수　7,000원
10. 고고학이란 무엇인가?　P. 반 / 박범수　근간
11. 우리는 무엇을 아는가　T. 나겔 / 오영미　5,000원
12. 에쁘롱　J. 데리다 / 김다은　7,000원
13. 히스테리 사례분석　S. 프로이트 / 태혜숙　7,000원
14. 사랑의 지혜　A. 핑켈크로트 / 권유현　6,000원
15. 일반미학　R. 카이유와 / 이경자　6,000원
16. 딸에게 들려 주는 작은 철학　R. 시몬 셰퍼 / 안상원　7,000원
17. 일본영화사　M. 테시에 / 최은미　근간
18. 청소년을 위한 철학교실　A. 자카르 / 장혜영　7,000원
19. 미술사학 입문　M. 포인턴 / 박범수　근간
20. 클래식　M. 비어드·J. 헨더슨 / 박범수　6,000원
21. 정치란 무엇인가　K. 미노그 / 이정철　6,000원
22. 이미지의 폭력　O. 몽젱 / 이은민　근간
23. 경제학의 주요 개념　J. C. 두루엥 / 조은미　근간
24. 경제학의 주요 개념　J. C. 두루엥 / 조은미　근간
25. 딸에게 들려 주는 작은 경제학　A. 푸르상 / 이은민　근간
26. 부르디외사회학 기초강의　P. 보네비츠 / 문경자　근간
27. 돈은 하늘에서 떨어지지 않는다　K. 아론트 / 유영미　근간

【東文選 文藝新書】
1 저주받은 詩人들　A. 뻬이르 / 최수철·김종호　개정근간
2 민속문화론서설　沈雨晟　40,000원
3 인형극의 기술　A. 훼도토프 / 沈雨晟　8,000원
4 전위연극론　J. 로스 에반스 / 沈雨晟　12,000원
5 남사당패연구　沈雨晟　10,000원
6 현대영미회곡선(전4권)　N. 코워드 外 / 李辰洙　각 4,000원
7 행위예술　L. 골드버그 / 沈雨晟　10,000원
8 문예미학　蔡 儀 / 姜慶鎬　절판

9 神의 起源	何 新 / 洪 熹	10,000원
10 중국예술정신	徐復觀 / 權德周	18,000원
11 中國古代書史	錢存訓 / 金允子	8,000원
12 이미지	J. 버거 / 편집부	12,000원
13 연극의 역사	P. 하트놀 / 沈雨晟	12,000원
14 詩 論	朱光潛 / 鄭相泓	9,000원
15 탄트라	A. 무케르지 / 金龜山	10,000원
16 조선민족무용기본	최승희	15,000원
17 몽고문화사	D. 마이달 / 金龜山	8,000원
18 신화 미술 제사	張光直 / 李 徹	10,000원
19 아시아 무용의 인류학	宮尾慈良 / 沈雨晟	8,000원
20 아시아 민족음악순례	藤井知昭 / 沈雨晟	5,000원
21 華夏美學	李澤厚 / 權 瑚	10,000원
22 道	張立文 / 權 瑚	18,000원
23 朝鮮의 占卜과 豫言	村山智順 / 金禧慶	15,000원
24 원시미술	L. 아담 / 金仁煥	9,000원
25 朝鮮民俗誌	秋葉隆 / 沈雨晟	12,000원
26 神話의 이미지	J. 캠벨 / 扈承喜	근간
27 原始佛敎	中村元 / 鄭泰爀	8,000원
28 朝鮮女俗考	李能和 / 金尙憶	12,000원
29 朝鮮解語花史	李能和 / 李在崑	15,000원
30 조선창극사	鄭魯湜	7,000원
31 동양회화미학	崔炳植	9,000원
32 性과 결혼의 민족학	和田正平 / 沈雨晟	9,000원
33 農漁俗談辭典	宋在璇	12,000원
34 朝鮮의 鬼神	村山智順 / 金禧慶	12,000원
35 道敎와 中國文化	葛兆光 / 沈揆昊	15,000원
36 禪宗과 中國文化	葛兆光 / 鄭相泓·任炳權	8,000원
37 오페라의 역사	L. 오레이 / 류연희	12,000원
38 인도종교미술	A. 무케르지 / 崔炳植	14,000원
39 힌두교 그림언어	안넬리제 外 / 全在星	9,000원
40 중국고대사회	許進雄 / 洪 熹	22,000원
41 중국문화개론	李宗桂 / 李宰碩	15,000원
42 龍鳳文化源流	王大有 / 林東錫	17,000원
43 甲骨學通論	王宇信 / 李宰錫	근간
44 朝鮮巫俗考	李能和 / 李在崑	12,000원
45 미술과 페미니즘	N. 부루드 外 / 扈承喜	9,000원
46 아프리카미술	P. 윌레뜨 / 崔炳植	10,000원

47	美의 歷程	李澤厚 / 尹壽榮	15,000원
48	曼茶羅의 神들	立川武藏 / 金龜山	10,000원
49	朝鮮歲時記	洪錫謨 外/李錫浩	30,000원
50	하 상	蘇曉康 外 / 洪 熹	8,000원
51	武藝圖譜通志 實技解題	正 祖 / 沈雨晟·金光錫	15,000원
52	古文字學 첫걸음	李學勤 / 河永三	9,000원
53	體育美學	胡小明 / 閔永淑	10,000원
54	아시아 美術의 再發見	崔炳植	9,000원
55	曆과 占의 科學	永田久 / 沈雨晟	8,000원
56	中國小學史	胡奇光 / 李宰碩	20,000원
57	中國甲骨學史	吳浩坤 外 / 梁東淑	근간
58	꿈의 철학	劉文英 / 河永三	15,000원
59	女神들의 인도	立川武藏 / 金龜山	13,000원
60	性의 역사	J. L. 플랑드렝 / 편집부	18,000원
61	쉬르섹슈얼리티	W. 챠드윅 / 편집부	10,000원
62	여성속담사전	宋在璇	18,000원
63	박재서희곡선	朴栽緖	10,000원
64	東北民族源流	孫進己 / 林東錫	13,000원
65	朝鮮巫俗의 研究 (상·하)	赤松智城·秋葉隆 / 沈雨晟	28,000원
66	中國文學 속의 孤獨感	斯波六郎 / 尹壽榮	8,000원
67	한국사회주의 연극운동사	李康列	8,000원
68	스포츠 인류학	K. 블랑챠드 外 / 박기동 外	12,000원
69	리조복식도감	리팔찬	10,000원
70	娼 婦	A. 꼬르벵 / 李宗旼	20,000원
71	조선민요연구	高晶玉	30,000원
72	楚文化史	張正明	근간
73	시간 욕망 공포	A. 꼬르벵	근간
74	本國劍	金光錫	40,000원
75	노트와 반노트	E. 이오네스코 / 박형섭	8,000원
76	朝鮮美術史研究	尹喜淳	7,000원
77	拳法要訣	金光錫	10,000원
78	艸衣選集	艸衣意恂 / 林鍾旭	14,000원
79	漢語音韻學講義	董少文 / 林東錫	10,000원
80	이오네스코 연극미학	C. 위베르 / 박형섭	9,000원
81	중국문자훈고학사전	全廣鎭 편역	15,000원
82	상말속담사전	宋在璇	10,000원
83	書法論叢	沈尹默 / 郭魯鳳	8,000원
84	침실의 문화사	P. 디비 / 편집부	9,000원

85	禮의 精神	柳 肅 / 洪 熹	10,000원
86	조선공예개관	日本民芸協會 편 / 沈雨晟	30,000원
87	性愛의 社會史	J. 솔레 / 李宗旼	12,000원
88	러시아 미술사	A. I. 조토프 / 이건수	16,000원
89	中國書藝論文選	郭魯鳳 選譯	18,000원
90	朝鮮美術史	關野貞	근간
91	美術版 탄트라	P. 로슨 / 편집부	8,000원
92	군달리니	A. 무케르지 / 편집부	9,000원
93	카마수트라	바쨔야나 / 鄭泰爀	10,000원
94	중국언어학총론	J. 노먼 / 全廣鎭	18,000원
95	運氣學說	任應秋 / 李宰碩	8,000원
96	동물속담사전	宋在璇	20,000원
97	자본주의의 아비투스	P. 부르디외 / 최종철	6,000원
98	宗敎學入門	F. 막스 뮐러 / 金龜山	10,000원
99	변 화	P. 바츨라빅크 外 / 박인철	10,000원
100	우리나라 민속놀이	沈雨晟	15,000원
101	歌 訣	李宰碩 편역	20,000원
102	아니마와 아니무스	A. 융 / 박해순	8,000원
103	나, 너, 우리	L. 이리가라이 / 박정오	10,000원
104	베케트 연극론	M. 푸크레 / 박형섭	8,000원
105	포르노그래피	A. 드워킨 / 유혜련	12,000원
106	셸 링	M. 하이데거 / 최상욱	12,000원
107	프랑수아 비용	宋 勉	18,000원
108	중국서예 80제	郭魯鳳 편역	16,000원
109	性과 미디어	W. B. 키 / 박해순	12,000원
110	中國正史朝鮮列國傳 (전2권)	金聲九 편역	120,000원
111	질병의 기원	T. 매큐언 / 서일 · 박종연	12,000원
112	과학과 젠더	E. F. 켈러 / 민경숙 · 이현주	10,000원
113	물질문명 · 경제 · 자본주의	F. 브로델 / 이문숙 外	절판
114	이탈리아인 태고의 지혜	G. 비코 / 李源斗	8,000원
115	中國武俠史	陳 山 / 姜鳳求	12,000원
116	공포의 권력	J. 크리스테바 / 서민원	근간
117	주색잡기속담사전	宋在璇	15,000원
118	죽음 앞에 선 인간 (상 · 하)	P. 아리에스 / 劉仙子	각권 8,000원
119	철학에 관하여	L. 알튀세르 / 서관모 · 백승욱	10,000원
120	다른 곳	J. 데리다 / 김다은 · 이혜지	8,000원
121	문학비평방법론	D. 베르제 外 / 민혜숙	12,000원
122	자기의 테크놀로지	M. 푸코 / 이희원	12,000원

그 두려움의 흔적들
■ 미래를 원한다　　　　　　　J. D. 로스네 / 문 선·김덕희　　　　8,500원
■ 밀레니엄 버그　　　　　　　S. 리브·C. 맥기 / 편집부　　　　　8,000원
■ 잠수복과 나비　　　　　　　J. D. 보비 / 양영란　　　　　　　6,000원
■ 原本 武藝圖譜通志　　　　　正祖 命撰　　　　　　　　　　60,000원
■ 테오의 여행(전5권)　　　　　C. 클레망 / 양영란　　　　각권 6,000원
■ 딸에게 들려 주는 작은 철학　R. 시몬 셰퍼 / 안상원　　　　　7,000원

【完譯詳註 漢典大系】

1 說　苑·上	林東錫 譯註	30,000원
2 說　苑·下	林東錫 譯註	30,000원
4 晏子春秋	林東錫 譯註	30,000원
14 西京雜記	林東錫 譯註	20,000원
16 搜神記·上	林東錫 譯註	30,000원
17 搜神記·下	林東錫 譯註	30,000원

【한글고전총서】

1 설원·상	임동석 옮김	7,000원
2 설원·중	임동석 옮김	7,000원
3 설원·하	임동석 옮김	7,000원
4 안자춘추	임동석 옮김	8,000원
5 수신기·상	임동석 옮김	8,000원
6 수신기·하	임동석 옮김	8,000원

【통신판매】 가까운 서점에서 小社의 책을 구입하기 어려운 분은 국민은행 (006-21-0567-061 : 신성대)으로 책값을 송금하신 후 전화 또는 우편으로 주소를 알려 주시면 책을 보내 드립니다. (보통등기, 송료 출판사 부담)

역(曆)과 점(占)의 과학

永田 久[지음]

沈雨晟[옮김]

달력이란 무엇일까?

자연의 법칙을 추구하는 마음을 가지고 '때'를 이해하기 위한 노력은 인류의 역사와 함께 오늘에 이느고 있다. 이리하여 천문(天文)·신화·민속·종교 등이 혼재되어 있는 인류의 지혜의 결정체로서 역(曆)이 만들어졌음을 알 수 있다.

역은 수(數)로써 연결되어 있다. 수와 수가 결합된 것을 논리라 하고, 이 논리를 천문이나 민속 쪽에서 정리한 것이 역이다.

이 수와 논리가 과학의 세계로부터 인간의 마음의 세계로 이어지면서 때의 흐름에 생명을 부여할 때, 역은 점(占)으로의 가교역이 되는 것이라 생각된다. 그러니까 역의 수리(數理)에 접착시킨 꿈과 상념이 우리들 앞에 나타나는 것이다.

역이 존재하고 있는 곳에 반드시 점이 있다. 과학으로서의 역으로부터 비과학으로서의 점이 생겨난다. 바로 이것이 인류가 살아온 실제의 모습이 아니었을까.

이 책은 고대의 역으로부터 현재의 그레고리오력에 이르기까지를 더듬어, 시간을 나누는 달(月)과 주(週)의 주변을 탐색하면서, 팔괘(八卦)·간지(干支)·구성술(九星術)·점성술(占星術) 등의 구조를 수(數)에 의해 밝혀 보고자 하였다.

【주요 목차】

東文選 文藝新書 127

역사주의

P. 해밀턴　　[著]

임옥희　　[譯]

　역사주의란 고대 그리스로부터 현대에 이르기까지 어떤 형태로든 존재해 왔던 비판운동이다. 하지만 역사주의가 정확히 의미하는 것은 무엇인가? 이 명료한 저서에서 폴 해밀턴은 역사·용어·역사주의의 용도를 학습하는 데 본질적인 열쇠를 제공한다.

　해밀턴은 과거와 현재에 있어서 역사주의에 주요한 사상가를 논의한다. 그는 독자들에게 역사주의와 관련된 단어를 직설적이고도 분명하게 제공한다. 역사주의와 신역사주의의 차이가 설명되고 있으며, 페미니즘과 탈식민주의와 같은 당대 논쟁과 그것을 연결시키고 있다.

　《역사주의》는 문학 이론이라는 때로는 당혹스러운 분야에 익숙하지 않은 학생들이 반드시 읽어야 한다. 이 책은 이상적인 입문 지침서이며, 더 많은 학문을 위한 귀중한 기초이다.

　《역사주의》는 독자들에게 필요한 지식과 배경과 이 분야의 연구에 적용할 수 있는 어휘를 제공함으로써 이 분야에 반드시 필요한 입문서이다. 폴 해밀턴은 촘촘하고 포괄적으로 다음을 안내하고 있다.

- 역사주의의 이론과 토대를 설명한다.
- 용어와 그것의 용도의 내력을 제시한다.
- 독자들에게 고대 그리스로부터 현대에 이르기까지 이 분야에서 핵심적인 사상가들을 소개한다.
- 당대 논쟁 가운데서 역사주의를 고려하면서도 페미니즘과 탈식민주의 같은 다른 비판 양식과 이 분야의 관련성을 다루고 있다.
- 더 읽을거리를 제공하는 참고문헌을 포함하고 있다.

롤랑 바르트 전집 3

현대의 신화

이화여대 기호학 연구소 【옮김】

　이 책에서 바르트가 분석하고자 한 것은, 부르주아사회가 자연스럽게 생각하고 자명한 것으로 생각해 버려서 마치 신화처럼 되어 버린 현상들이다. 그것은 1950년대 중반부터 60년대 초까지 프랑스 사회에서 일어나고 있는 현상이지만, 이미 과거의 것이 되어 버린 것이 아니라 오늘날에도 유효한 것이기 때문에 독자들의 많은 관심을 불러일으키고 있다. 저자가 이책에서 보이고 있는 예리한 관찰과 분석, 그리고 거기에 대한 명석한 해석은 독자에게 감탄과 감동을 체험하게 하고 사물을 보는 새로운 눈을 뜨게 한다. 특히 후기 산업사회에 들어와서 반성 없이 이루어지고 있는 것, 가벼운 재미로만 이루어지면서도 대중을 지배하는 모든 것에 대해서 이 책은, 그것들이 그렇게 자연스런 것이 아니라는 것, 자명한 것이 아니라는 것을 알게 한다. 사회의 모든 현상이 숨은 의미를 감추고 있는 기호들이라고 생각하는 이 책은, 우리가 그 기호들의 의미 현상을 알고 있는 한 그 기호들을 그처럼 편안하게 소비하고 있을 수 없다는 것을 우리에게 알게 한다.

　이 책은 바르트 기호학이 완성되기 전에 씌어진 저작이기 때문에 엄밀한 의미에서 바르트 기호학을 대표하는 것은 아니지만, 그러나 그의 타고난 기호학적 감각과 현란한 문체로 이루어져 있어서 그의 기호학이론에 완전히 부합되고 있을 뿐만 아니라, 그의 텍스트 실천이론에도 상당히 관련되어 있어서 바르트 자신의 대표적 저작이라 할 수 있다.

현대신서 11 : 옥스퍼드대학 철학입문

우리는 무엇을 아는가

토머스 나겔

오영미 [옮김]

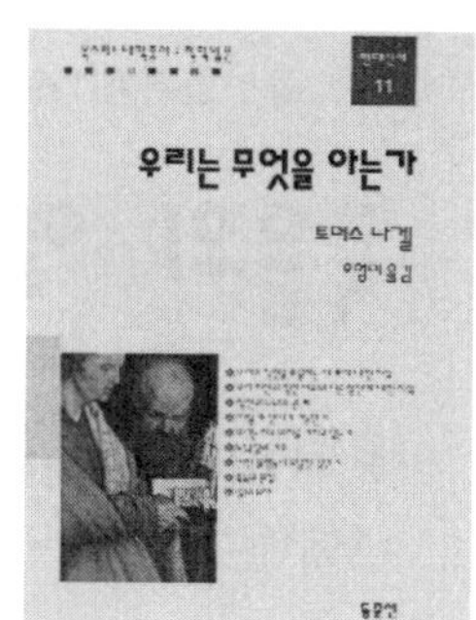

　보통 사람들에게 철학의 어려운 질문들이 문제시되어야 하는가? 저자는 왜 철학의 문제들이 수세기에 걸쳐 끊임없이 사상가들을 매료시키고, 또 당혹케 해왔는지를 생생하고 이해하기 쉬운 산문체의 글을 통해 밝힘으로써 그 문제들을 새롭게 조명한다.

　철학에 대해 배우는 가장 좋은 방법은 그 문제와 정면으로 부딪히는 것이라고 주장하면서, 그는 우리가 스스로에게 던질 수 있는 가장 중요한 몇 가지 질문들을 시작한다. 우리는 진정으로 자유 의지를 가질 수 있는가? 우리는 왜 도덕적이어야 하는가? 우리의 정신과 두뇌 사이에는 어떤 관계가 있는가? 사후에 삶이 존재하는가? 우리는 죽음에 대해 어떻게 느껴야 하는가? 수십억 광년의 거리를 가진 거대한 우주에서 우리가 살아가면서 행하는 어떤 것이 정말로 중요한가? 만약 그게 중요하지 않다면, 중요하지 않다는 그 사실이 또 문제가 되는가? 이러한 것들은 우리가 인간의 상황에 대해 던지는 영원한 질문들이며 나겔은 그것들을, 그리고 그와 유사한 다른 문제들을 사려 깊고 분명하게 그러면서도 유머를 가지고 탐구한다. 그는 자신의 의견을 자유롭게 토로하지만, 언제나 스스로 사고하도록 독자들을 격려함으로써 독자들이 다른 해답을 찾을 수 있는 여지를 남겨두는 참신함과 겸손을 잃지 않는다.

東文選 文藝新書 129

죽음의 역사

P. 아리에스　　[著]

李宗旼　　[譯]

　지구상에 존재하는 모든 피조물은 시작과 끝이라는 존재의 본원적인 한계성을 지니고 있다. 인간 역시 이러한 자연의 법칙에서 결코 벗어날 수 없는 한계성을 인식하고 있다. 그러나 인간 존재의 시작을 의미하는 탄생에 관해서는 그 실체가 이미 과학적으로 규명되고 있지만, 종착점으로서의 죽음은 인간들의 끊임없는 연구와 노력에도 불구하고 오늘날까지 이렇다 할 구체적인 모습을 드러내지 못하고 있는 것이 현실이다. 이유는 간단하다. 과학적으로 죽음이라는 현상 자체는 규명되었다 할지라도, 그 이후의 세계는 어느 누구도 경험하지 못한 때문일 것이다. 물론 죽음이나 저세상을 경험했다는 류의 흥미로운 기사거리나 서적 들이 우리의 주변에 널려 있는 것은 사실이지만, 이는 어디까지나 임사 상태에 이른 사람들의 이야기일 뿐 실지로 의학적으로 완전한 사망을 토대로 한 것은 아니다. 말하자면 진정한 죽음의 상태를 경험한 사람은 존재치 않기 때문에 죽음은 더욱더 우리 인간들의 호기심과 두려움을 자극하는 대상이 되고 있을지도 모른다.

　아무튼 본서는 아득한 옛날부터 현재에 이르기까지 사람들은 어떻게 죽음을 맞이하고 생각했는가?라는 사람들의 호기심에 답하듯 죽음을 연구대상으로 삼은 역사서이다. 따라서 죽음의 이미지가 어떻게 변해 왔는지, 또 인간은 자신의 죽음을 앞에 두고 어떻게 행동했으며 타인의 죽음에 대해 어떤 생각을 품고 있었는지를 추적한다. 그리하여 역사 이래 인간의 항구적 거주지로서의 묘지로부터 죽음과 문화와의 관계를 파악하면서 묘비와 묘비명, 비문과 횡와상, 기도상, 장례 절차, 매장 풍습, 나아가 20세기 미국의 상업화된 죽음의 이미지를 추적한다.

東文選 文藝新書 124

천재와 광기

— 미술과 음악, 그리고 문학에서

P. 브르노 [著]　김웅권 [譯]

　범인들은 예외적 인물, 비범한 인물, 즉 천재를 꿈꾸지만 천재가 짊어져야 할 고통에 대해서 생각해 보는 경우는 드물다. 그들 대부분은 안정을 파괴하는 변화를 두려워하고, 기존 질서와 가치체계에 순응하며 길들여진 대로 살아간다. 그러면서 동시에 주어진 삶의 틀을 부수고, 세계의 변혁과 역사 창조의 주역이 되는 천재를 꿈꾸는 모순된 욕망을 드러낸다. 하기야 인간 존재 자체가 모순 덩어리가 아니던가.

　『천재는 모든 사람들을 닮아 있지만, 아무도 그를 닮을 수 없다』고 저자는 말하고 있다. 천재는 그만이 가지고 있는 특별하고 독창적인 자질을 범인들은 가질 수 없기에 아무도 그를 닮을 수 없는 것이다. 이 비범한 자질이 그로 하여금 몸담고 있는 사회에 반항하게 하며 새로운 세계를 꿈꾸게 한다. 그러나 그것은 또한 그를 사회로부터 소외시켜 고통을 안겨 주고 광기를 부추긴다. 천재는 기존의 세계로부터 단절되지 않을 수 없으며, 단절은 광기를 부르고, 광기는 그를 병적 상태로 몰고 간다. 여기에서 해방되기 위해 그는 작품을 창조하는 산고(産苦)의 세월을 보내야 하는 것이다. 일반적으로 그의 운명은 예술 분야에서, 특히 언어예술 분야에서 비극적인 경우가 많으며, 이 비극의 중심에 광기의 그림자가 드리워져 있다.

　광기, 그것은 천재의 필연적 속성인가? 정신과 의사이자 인류학자인 저자는, 이런 근본적인 질문에 대해 다양한 관련 테마들을 유기적으로 연결시키면서 접근하고 있다. 그는 천재들에 대한 존경과 따뜻한 애정을 가지고 예술작품이 지닌 신비성의 한계에 도전하면서도, 이것이 결국에는 신비로 남아 있음을 인정한다. 만약 어떤 예술작품이 하나의 도식적인 해석에 의해 완전히 파헤쳐진다면, 그것의 가치는 금방 추락의 길을 내달릴 수밖에 없을 것이다. 그것이 커다란 신비로 남아 있을 때, 그것의 위대성은 지속적으로 독자의 마음에 울려 온다.

프랙탈 구조로 씌어진 미래 여행 안내서

미래를 원한다

조엘 드 로스네[著]

김덕희 + 문 선[譯]

미래는 이렇게 준비되어 있다. 앉아서 기다릴 것인가, 창조해 나갈 것인가? 그리고 우리는 무엇을 준비해야 할 것인가?

정치가들은 10년을 마치 영원한 것처럼 보고 있다. 그들이 말하는 미래는 주로 다음 선거기간에 초점이 맞추어져 있다. 그런 그들에게 우리의 미래를 맡길 수는 없다. 오랫동안 신비한 미래의 지평선처럼 여겨왔던 2000년은 이제 진부한 것이 되어 버렸다. 2100년조차도 현재 진행중인 사업운영적 측면에서 거의 흥미를 끌지 못한다. 다시 말해 100년 앞을 내다보아도 결코 충분치 않다는 말이다.

미국 MIT대학 교수 및 프랑스 파스퇴르 연구소 응용연구원을 역임한 바 있으며, 현재 프랑스 과학산업단지 국제협력관계 임원인 조엘 드 로스네 박사의 2000년대에 대한 고찰은 과학과 기술 분야를 넘어선다. 그는 미래 세계에 필요한 새로운 정치적·경제적·환경적·문화적 접근을 해보인다. 보다 정당하고 보다 공평한 사회를 건설하기 위해 미래의 학교와 언론·산업은 어떻게 구상되어야 하는가?

지금의 청소년들의 미래는 어떤 모습이며, 무엇을 가르치고 준비시켜야 할까? 미래 세계를 향한 흥미진진한 여행 안내서로서 미래를 꿈꾸는 자라면 반드시 읽어야 할 필독서!

〖주요 내용〗

■ 새로운 생명기능 출현
■ 프랙탈 시간, 프랙탈 지식
■ 카오스의 언저리
■ 가이아와 사이바이온트의 공생
■ 마법의 수정구슬
■ 다섯번째 패러다임

■ 배운다는 것은 제거한다는 것이다
■ 기생경제, 빅 브라더, 전자마약
■ 가상현실 : 복제와 편재성
■ 역마케팅과 선별마케팅
■ 미래의 정부, 미래의 언론
■ 지능적 기업, 가상기업